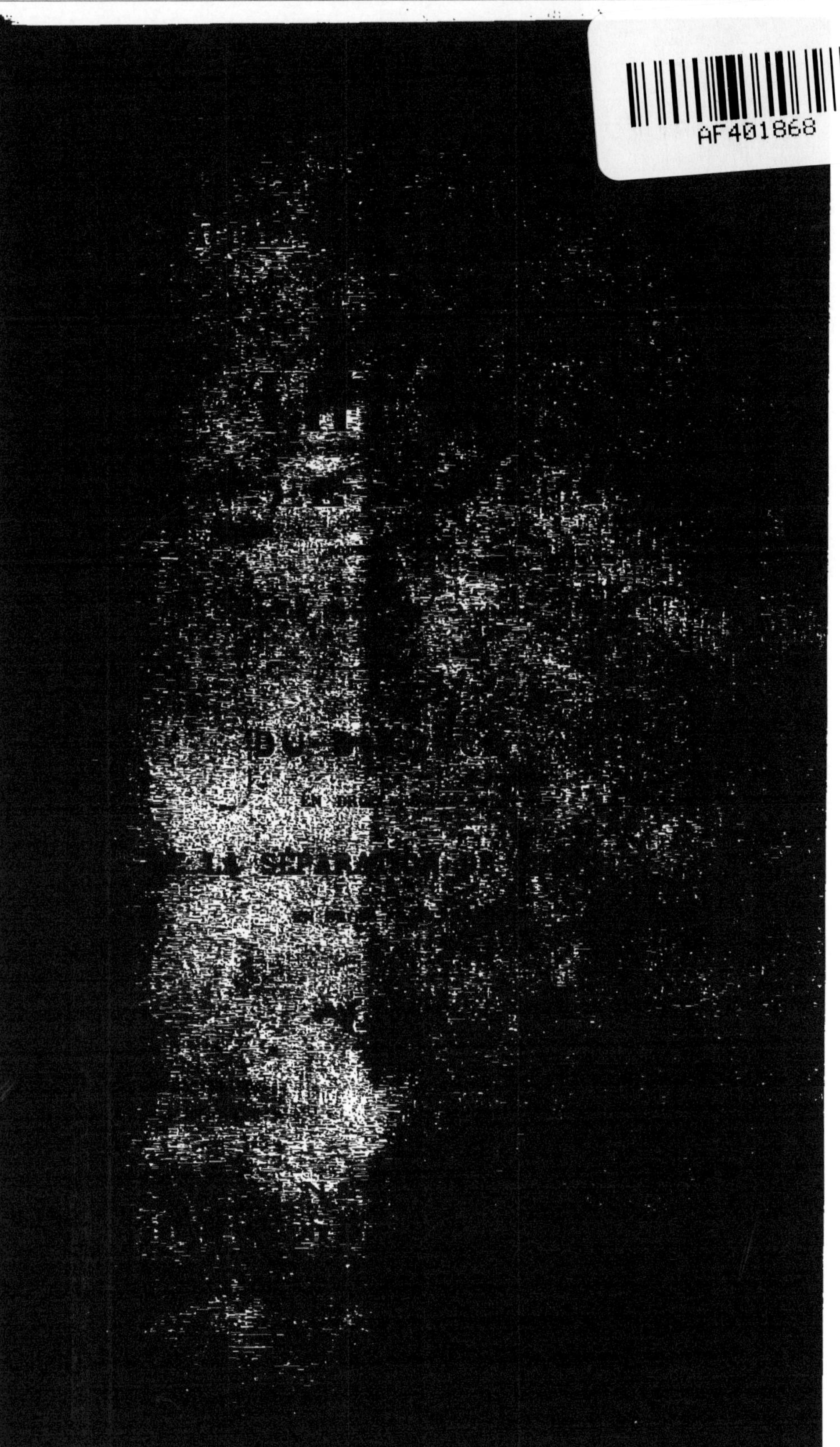

FACULTÉ DE DROIT DE DOUAI

THÈSE
POUR LE DOCTORAT

DU DIVORCE
EN DROIT ROMAIN

DE LA SÉPARATION DE CORPS
EN DROIT FRANÇAIS

L'acte public sur les matières ci-après sera soutenu le Mardi 19 Mars 1872,
à 3 heures de l'après-midi,

PAR

JULES GOÜIN, AVOCAT

Président, M. D. DE FOLLEVILLE.

Suffragants { MM. TALON, MABIRE, } *professeurs.*
{ LEVILLAIN, ALGLAVE. } *agrégés, chargés de cours.*

Le candidat répondra en outre à toutes les questions qui lui seront faites
sur les autres matières de l'enseignement.

NANTES

IMPRIMERIE VINCENT FOREST ET ÉMILE GRIMAUD
Place du Commerce, 4.

A MON PÈRE.

———

A MA MÈRE.

———

DROIT ROMAIN

DU DIVORCE

INTRODUCTION.

Le divorce est la rupture volontaire du lien conjugal ; c'est
la séparation légitime du mari et de la femme avec l'intention de ne jamais se réintégrer dans leur mariage.

Divortium, dit Gaius (D. 24. 2. pro.) *vel a diversitate men-
tium dictum est, vel quia in diversas partes eunt qui distrahunt
matrimonium.* Paul adopte ce dernier sens. (D. 24. 16 1. 191.)

Le mot *divortium* est opposé, dans deux sens différents, au
mot *repudium.*

Dans un premier sens, *divortium* désigne la dissolution du
mariage ; *repudium,* la rupture des fiançailles.

Dans un second sens, *divortium* indique, de la part des
deux époux, l'intention mutuelle de rompre le lien du mariage ; *repudium,* au contraire, n'indique cette volonté que
de la part de l'un d'eux.

Avant d'examiner les conditions, les causes, les formes et
les effets du divorce, avant d'arriver à la législation du Digeste, du Code et des Novelles, il nous faut voir quel avait

été l'état du droit romain relativement au divorce avant Justinien, et comment ce mode de dissolution du mariage, pour ainsi dire inusité dans les premiers siècles de Rome, avait ensuite pris une telle extension que son usage n'avait pas tardé à dégénérer en un honteux abus.

PREMIÈRE PARTIE

I. — *Temps primitifs.*

L'existence du divorce à Rome doit être aussi ancienne que celle même de Rome. Le mariage étant un contrat civil qui ne se formait que par le seul consentement des parties, n'était pas regardé comme indissoluble. C'était l'application de ce principe : « *Nihil est tam naturale quàm eo genere quidquid dissolvere quo colligatum est.* » (D. 50. 17. 35). Mais le droit de rompre le mariage n'appartint d'abord qu'au mari.

Le droit de répudier sa femme découle, en effet, du pouvoir absolu que le mari avait sur elle. La base de la société romaine était le droit de puissance du chef de famille ; femme, enfants, esclaves, hommes libres acquis par la mancipation, tous étaient soumis à son pouvoir à peu près sans limite. Car, dans les premiers temps, le droit de vie et de mort sur les personnes qui lui étaient soumises, appartenait au *pater familias*. Le droit qu'avait le mari sur la femme prenait le nom de *manus* et s'acquérait par l'effet du mariage.

Disons quelques mots de la *manus,* puisqu'elle fut l'origine du droit de divorcer. Gaius nous apprend (I. § 110) qu'anciennement, la *manus* s'établissait de trois manières : *usu, farreo, coemptione.* Ces trois modes ne furent pas établis simultanément. L'énumération qu'en fait Gaius nous donne l'ordre chronologique de leur institution.

A l'origine, le mariage n'étant régi par aucune loi spéciale, rentrait dans les conventions ordinaires, et ne pouvait, par lui-même, faire sortir la fille de famille de la puissance de son père pour la faire passer sous celle de son mari. Celui-ci dut donc usucaper sa femme comme toute chose mobilière, par la possession d'une année, et acquérir ainsi sur elle la puissance qui, jusqu'à ce moment, continuait d'appartenir au père sous le nom de *patria potestas*.

Romulus ajouta une cérémonie religieuse au mariage, la *confarreatio*, et voulut que, par suite de cette cérémonie, la *manus* fût immédiatement acquise au mari, sans qu'il lui fût nécessaire de l'obtenir par l'usucapion. La *confarreatio* avait lieu au moyen d'un sacrifice accompli par le grand pontife ou le Flamine de Jupiter, en présence de dix témoins et en prononçant des paroles solennelles. Elle paraît n'avoir été accessible qu'aux patriciens; il est certain, en tout cas, que les enfants issus de mariages ainsi contractés possédaient seuls le droit d'être Flamines de Jupiter, de Mars et de Quirinus. La *confarreatio* tomba en désuétude au bout de quelques siècles, et, sous Tibère, un sénatus-consulte décida qu'elle n'aurait d'effet qu'au point de vue religieux, et que la femme du Flamine de Jupiter ne passerait plus sous la puissance maritale qu'en ce qui concernait le culte.

Entre ces deux modes d'acquisition de la *manus*, qui présentaient tous deux des inconvénients, puisque l'un, l'*usus*, ne donnait la *manus* au mari qu'au bout d'une année de possession de la femme, et l'autre, la *confarreatio*, était réservé aux seuls patriciens, se place un troisième mode destiné à réunir les avantages des deux premiers, et qui dut son origine à Servius Tullius (an 176).

Ce mode est la *coemptio*, c'est-à-dire, la *mancipatio per quamdam imaginariam venditionem, adhibitis non minus quàm quinque testibus, civibus romanis puberibus, item libripende, præter mulierem eumque cujus in manum convenit.* (Gaius, I. § 113).

Ainsi donc, l'usucapion permettait bien au mari, même plébéien, d'acquérir la *manus* sur sa femme, mais cette acquisition ne pouvait avoir lieu avant qu'une année ne se fût écoulée; la *confarreatio* donnait bien immédiatement la *manus*, mais ce mode était exclusivement propre aux patriciens. La *coemptio* permit au plébéien d'obtenir immédiatement la *manus*, au moyen de l'acquisition de la propriété de sa femme, ce qu'il faisait non plus désormais par l'usucapion, mais par un autre mode d'acquisition de la propriété plus rapide, la *coemptio*.

Voyons maintenant ce qui avait lieu relativement au divorce, suivant que le mariage avait été contracté sans ou avec *confarreatio*, et que le mari avait fait *coemptio*.

I. Mariage sans *confarreatio*. Que la femme ait été usucapée par son mari, ou qu'elle soit encore sous la puissance paternelle, elle n'est pas libre; elle ne peut que subir le divorce, et ne peut point le provoquer. Car on ne peut concilier avec l'état de dépendance absolue dans lequel se trouvait la femme, la faculté qu'elle pourrait avoir de répudier son mari et de dissoudre de sa seule volonté un mariage auquel elle ne pouvait pas consentir seule.

Mais si l'usucapion n'a point encore eu lieu, le père garde tout son pouvoir sur sa fille, et avec ce pouvoir le droit de provoquer son divorce malgré elle. Les anciens auteurs, Plaute entre autres, nous donnent des exemples de ce pouvoir exorbitant, qui appartint aux pères de famille jusqu'au temps d'Antonin-le-Pieux et de Marc-Aurèle. *Benè concordans matrimonium separari a patre divus Pius prohibuit.* (Paul, V, 6, § 15.)

La femme était-elle tombée sous la *manus* de son mari, lui seul pouvait désormais provoquer le divorce. Ce pouvoir dérivait naturellement du droit que le *pater familias* avait sur tout ce qui composait sa *domus*, esclaves, enfants, femme *in manu*, c'est-à-dire un droit absolu de vie et de mort.

Si le mari pouvait mettre sa femme à mort, à plus forte raison, pouvait-il seulement la répudier pour le moindre prétexte, ce qu'il faisait en gardant les biens qu'elle lui avait apportés, et qui, par suite de l'acquisition de la *manus*, étaient devenus sa propriété.

II. Mariage avec *confarreatio*. Ici la même liberté ne fut pas laissée au mari, quant au droit de répudier sa femme. Il existe même un cas où le divorce n'était pas admis, c'est quand il s'agissait du mariage d'un Flamine. Le divorce ne se produisait pas par la seule volonté du mari; il fallait, pour dissoudre le mariage, une cérémonie identique à celle qui avait accompagné sa célébration, et qui s'appelait *diffarreatio*.

Les causes du divorce n'étaient plus abandonnées au caprice du mari. Plutarque nous rapporte qu'une loi fut faite par Romulus, qui déterminait les cas exceptionnels dans lesquels il était permis au mari de divorcer. Cette loi, traitée de dure par Plutarque, parce qu'elle accorde au mari le droit de divorcer, en le refusant à la femme, autorise les maris à répudier leurs femmes lorsqu'elles se sont rendues coupables d'adultère, ou bien d'empoisonnement, ou lorsqu'elles se sont procurées de fausses clefs.

La nécessité de la *diffarreatio*, jointe aux peines qu'encourait le mari lorsqu'il répudiait sa femme pour une autre cause qu'une de celles indiquées dans la loi de Romulus rendait le divorce plus difficile et moins fréquent. Le mari, en effet, qui divorçait pour tout autre motif, était voué aux dieux infernaux; la moitié de ses biens était dévolue à sa femme, l'autre consacrée à Cérès.

III. Mariage avec *coemptio*. Aucun texte ne parle du divorce quand le mariage, qu'il s'agissait de rompre, avait été contracté avec *coemptio*. Rien ne nous permet de supposer que ce mariage dût être plus indissoluble que celui qui était accompagné de la *confarreatio*. Les formes et les causes durent sans doute être les mêmes, si nous en jugeons d'après ce qui avait lieu pour la dissolution de la *manus*. Il fallait, en effet, pour la rompre, une cérémonie contraire à celle qui avait accompagné son acquisition, la *remancipatio*. Dès lors, nous pouvons vraisemblablement supposer qu'à l'exemple de la *diffarreatio*, la *remancipatio* était également usitée pour dissoudre le mariage contracté avec *coemptio*.

II. — *Loi des Douze-Tables.* (303. R.)

La loi des Douze-Tables maintint le divorce. Aucune de ses dispositions à cet égard ne nous est parvenue ; mais nous pouvons conclure d'un passage de Cicéron, que le divorce avait été expressément reconnu. Il dit, en effet, en parlant d'Antoine : « *Mimam suam suas res sibi habere jussit, ex duodecim Tabulis. Claves ademit ; exegit. Quàm porrò spectatus civis! Quàm probatus! cujus ex omni vitâ nihil est honestius quàm quod cum mimâ fecit divortium!* » (Philip. II. 28.)

Nous savons qu'avant la loi des Douze-Tables le mari seul avait le droit de répudier sa femme *in manu*, celle-ci ne pouvant jamais provoquer le divorce. Nous pouvons croire qu'il en fut de même après. Plaute nous apprend, en effet, qu'il en était encore ainsi de son temps, c'est-à-dire deux siècles et demi après la loi des Douze-Tables. Cette loi fournit d'ailleurs bientôt aux femmes un moyen détourné d'arriver au divorce et de le provoquer elles-mêmes.

Nous avons vu que tout mariage produisait la *manus* et que la femme passait sous la puissance et dans la famille de son mari soit immédiatement, lorsqu'il s'agissait de la *confarreatio* et de la *coemptio*, soit par l'expiration d'une année au moyen de l'usucapion. Cette acquisition de la *manus*, de quelque manière qu'elle eût lieu, était donc forcée. La loi des Douze-Tables permit à la femme d'échapper à la prescription qui donnait naissance à la *manus ;* il lui suffisait pour cela

de découcher trois nuits de suite chaque année. L'usucapion
ne fut donc plus forcée, et la femme en se mariant put conserver l'espoir de garder ses biens, ses dieux et sa famille.

Il en résulta dès lors que la *confarreatio* et la *coemptio* ne
tardèrent pas à tomber en désuétude, et qu'il se substitua à
leur place un nouveau mariage qui fut vu par les femmes
avec bien plus de faveur, puisqu'il leur était plus avantageux,
en leur permettant de conserver leurs biens.

La femme restait toujours, il est vrai, sous la puissance du
père de famille, et parce qu'elle ne tombait pas sous la *manus* du mari, n'en devenait pas libre pour cela. Il en résulta
que le père, par suite de la puissance qu'il garda sur sa fille,
conserva le droit de provoquer le divorce et de séparer les
deux époux, de sa propre autorité, au moins jusqu'à Antonin-le-Pieux.

Quant aux maris, le divorce dut forcément devenir plus
fréquent de leur part. L'autorité religieuse qui avait présidé
aux mariages, perdit peu à peu son influence, puisque la
confarreatio n'était plus en usage. D'un autre côté les biens
des femmes ne devenant plus la propriété des maris, puisque cette acquisition ne provenait que de la *manus*, les maris
durent de moins en moins se soucier de maintenir des mariages où leur intérêt était moins engagé.

La *manus* du mari finit donc par disparaître peu à peu.
Une fois délivrées de la *manus*, les femmes cherchèrent à
s'affranchir de même de la tutelle à laquelle elles étaient
soumises toute leur vie. Elles réussirent bientôt, sinon à la
faire abolir complétement, du moins à la rendre à peu
près illusoire. « Nos ancêtres, dit Cicéron, voulurent que
toutes les femmes fussent au pouvoir des tuteurs ; les jurisconsultes inventèrent des espèces de tuteurs qui se trouvèrent au pouvoir des femmes. » (Pro Mur. c. XII, 27.)

Le père, conservant son pouvoir sur sa fille, eut seul le
droit, avons-nous dit, de provoquer son divorce. Mais si elle
ne pouvait le demander elle-même, elle put le demander

par l'entremise de son père, et l'entraîner à faire ce que seul il n'eût peut-être pas fait. Puis quand les pères de famille eurent vu leur pouvoir s'affaiblir, que le recours à l'autorité paternelle ne fut plus qu'une vaine forme, les femmes se trouvèrent en pouvoir de divorcer elles-mêmes. Ce pouvoir leur appartint même dans le cas, assez rare du reste, où elles étaient sous la *manus* de leurs maris, si on en juge d'après un passage incomplet de Gaius. (I, § 137.)

Il est difficile de fixer d'une manière précise l'époque à laquelle les femmes obtinrent ainsi le droit de divorcer.

A mesure que la *manus* disparaissait, que la tutelle s'affaiblissait et ne devenait plus qu'une institution illusoire, le luxe et l'influence des femmes prenaient de telles proportions qu'on crut devoir essayer de les réprimer. Plusieurs lois se succédèrent les unes aux autres, mais sans succès. Il est difficile à des lois de changer des mœurs aussi profondément corrompues que celles d'alors; tout ce qu'on peut demander aux lois c'est de les contenir. Les divorces, par une suite nécessaire du débordement des mœurs, ne tardèrent pas à se multiplier d'une façon honteuse. Tant que les mœurs romaines conservèrent leur sévérité primitive, le divorce n'entra pas dans la pratique; il resta à l'état de droit abstrait. Mais dès qu'on commença à user du droit de répudier sa femme, souvent sans aucun autre motif que celui de contracter un autre mariage, les divorces devinrent un moyen ingénieux de s'abandonner à ses passions, tout en ne paraissant agir qu'en vertu de la loi.

S'il faut en croire Valère Maxime (*Dicta factaque memor.*, II, c. 1), Aulu-Gelle (IV, 3, § 2; XVII, 21, § 44) et Denys d'Halicarnasse (II, 26), ce n'est guère que vers l'année 520 ou 523 de Rome que l'on vit le premier exemple d'un divorce, celui de Spurius Carvilius Ruga. Encore ce divorce n'aurait-il point été volontaire. Les censeurs, en dressant les listes du cens, faisaient jurer aux citoyens mariés qu'ils l'étaient dans le but d'avoir des enfants; et ce serait pour demeurer fidèle à ce serment que Carvilius Ruga aurait répudié sa femme, malgré l'affection qu'il avait pour elle. Cependant les auteurs qui parlent de ce divorce, s'accordent pour dire qu'il fut blâmé par le peuple. Or, eût-il encouru l'animadversion publique, s'il n'eût agi que par esprit de fidélité à son serment? Son serment lui servit plutôt de prétexte pour arriver à la répudiation.

S'il est vrai que le premier divorce qui se produisit à Rome ne remonte, d'après les auteurs que nous venons de citer, qu'à l'année 520, comment se peut-il faire que peu de temps après les divorces devinrent aussi fréquents que les mariages? Les Romains qui pendant cinq siècles avaient été des modèles de fidélité conjugale, auraient donc subi une métamorphose bien prompte et bien radicale! Ce qui nous donne lieu de supposer que le premier divorce connu à Rome ne fut pas celui de Carvilius Ruga, c'est que Valère Maxime rapporte que Sempronius Sophus, qui fut préteur en 470, répudia sa femme parce qu'elle était allée au spectacle à son insu. Ne peut-on pas supposer, d'après cet exemple de répudiation pour une telle cause, que le divorce était déjà fréquent à Rome à cette époque?

Quoi qu'il en soit, la faculté de rompre les liens du mariage pour ainsi dire sans motif, fit bientôt invasion à Rome, et plus d'un siècle et demi avant la fin de la République, elle ne connaissait plus de bornes. L'histoire nous fournit de nombreux exemples de personnages dont le divorce eut pour principale cause le désir de s'unir à d'autres femmes : Sylla, Pompée, César; Cicéron lui-même céda à l'entraînement général, et ne rougit pas de répudier sa femme sous le prétexte le plus futile qui ne servait qu'à cacher imparfaitement le désir qu'il avait de contracter un autre mariage avec une jeune fille riche dont la dot devait lui servir à payer ses dettes.

Juvénal exerce sa verve contre les dames romaines qui, dans cinq ans, trouvaient le moyen de changer huit fois de maris

« ..... Sic fiunt octo mariti,
Quinque per autumnos. »

« Ce n'est plus, dit Sénèque, par le nombre des consuls, mais par le nombre de leurs maris que les dames comptent aujourd'hui leurs années...... Les femmes divorcent pour se remarier et se marient pour divorcer. »

Le christianisme apporta un frein à ce déréglement, mais le divorce, tout en devenant un peu moins fréquent, n'en continua pas moins d'exister malgré le principe de l'indissolubilité du mariage que faisait prêcher l'Eglise. Constantin en montant sur le trône n'osa pas proscrire complètement une institution qui était si profondément enracinée dans les mœurs des Romains. Il se contenta d'en restreindre les causes. Les empereurs qui le suivirent imitèrent ou abandonnèrent tour à tour son exemple, tantôt restreignant, tantôt augmentant au contraire les cas dans lesquels on pouvait divorcer.

Arrivons maintenant à l'époque de Justinien.

DEUXIÈME PARTIE.

DROIT DE JUSTINIEN.

Justinien fit ce que ses prédécesseurs avaient fait; comme eux il modifia plus d'une fois l'institution du divorce : le Digeste, le Code, les Novelles contiennent de nombreuses dispositions à cet égard. Quelques-unes des causes reconnues avant lui furent maintenues ; d'autres disparurent et firent place à de nouvelles. Le divorce par consentement mutuel, d'abord laissé libre par lui au gré des époux, fut ensuite réglementé par une novelle postérieure et ne fut plus admis que dans un seul cas.

Nous avons à voir quelles sont les conditions, les causes et les formes du divorce, quels effets il produit, ainsi que les diverses modifications qui furent successivement établies par Justinien.

CHAPITRE I.

Des conditions du divorce.

Le divorce pouvait avoir lieu, soit par la volonté de l'un des époux, soit par leur consentement mutuel.

§ 1er. — *Volonté d'un seul des époux.* — *Divortium non est,* dit Paul, *nisi verum, quod animo perpetuam constituendi, dissenssionem fit.* » (D. 24. 2. 3.) Ainsi, pour qu'il y ait divorce, il faut la volonté bien arrêtée de se séparer de son conjoint. De même que le mariage demande la ferme intention de rester unis toute la vie, de même le divorce entraîne la volonté de rester toujours séparés. *Itaque quidquid in calore iracundiæ vel fit, vel dicitur, non prius ratum est, quam si perseverantia apparuit judicium animi fuisse; ideoque per calorem misso repudio, si brevi reversa uxor est, nec divortisse videtur.* (Paul, *loco cit.)* Si le *libellus repudii* a été envoyé, il faut que la volonté de divorcer existe encore au moment où il est remis à l'autre époux. Si donc l'époux qui l'a envoyé se repent de ce qu'il a fait et revient sur sa détermination, avant que l'affranchi chargé de remettre le *libellus* l'ait donné à l'autre époux dans l'ignorance du changement de volonté de son mandant, le mariage n'en continue pas moins d'exister, à moins que l'autre époux, connaissant le repentir de son conjoint, ne veuille alors faire un divorce dont il assume seul la responsabilité (D 24. 2. 7.)

Il faut donc pour divorcer qu'on en ait la volonté. Il en résulte naturellement que le *furiosus,* tout en pouvant être répudié, ne peut envoyer le *libellus repudii,* soit par lui-même, soit par son curateur. Cependant le père de famille peut le faire au nom de son enfant, pourvu qu'il soit encore en sa puissance, car, dès qu'il en est sorti, le père ne jouit plus de ce pouvoir. (D. 24. 2. 4 ; C. 5. 17. 4.)

Si le *furiosus* pouvait être répudié, cela tient à ce que le consentement de l'époux qui recevait le *libellus* n'était point nécessaire. On pouvait même divorcer à son insu, puisque la loi 6 *de repudiis* du Code, nous apprend que le mariage est dissous avant que l'époux ait reçu le *libellus* ou en ait eu connaissance.

§ 2. — *Consentement mutuel.* — Dès qu'il fut admis que le divorce pouvait avoir lieu par le consentement d'un seul des époux, et que cette faculté fut accordée d'abord par l'usage, puis par la loi, à la femme, à plus forte raison dut-on admettre le divorce *communi consensu*, ou *bonâ gratiâ*. (D. 24. 1. 62.) Le consentement mutuel prenait souvent sa source dans la vieillesse, les infirmités, la stérilité, les fonctions sacerdotales, le service militaire, qui alors étaient considérés comme des causes légitimes. « *Propter hæc satis commodè retineri matrimonium non possit.*» (D. 24. 1. 60 et 61.)

Le divorce par consentement mutuel ne subit aucune limite jusqu'à Constantin qui ne le permit plus que pour trois causes, relativement à chaque époux, et qui porta contre l'époux qui aurait divorcé, en dehors de ces causes, les peines les plus sévères.

En 421, Honorius confirma la législation de Constantin, mais en la relâchant un peu. Le divorce par consentement mutuel fut encore prohibé, mais les époux purent divorcer pour des causes légères.

Ces lois parurent encore trop sévères. Théodose le Jeune, après les avoir insérées dans son Code, en 438, les abrogea ensuite en 439, et rétablit le divorce *bonâ gratiâ*. Mais en 449 il le défendit de nouveau.

Anastase le remit en usage en 497, ainsi qu'on peut le voir par sa constitution insérée au Code (5. 17. 9.)

Justinien, en montant sur le trône, trouva le divorce par

consentement mutuel encore en vigueur. Il l'autorisa d'a-
bord par la novelle XXII, en déclarant qu'il n'avait pas
besoin de le réglementer, parce que les volontés des parties
leur servaient de lois. Plus tard, dans la novelle CXVII, il ne
l'admit que dans un seul cas, celui où les époux se séparaient pour vivre dans la chasteté. Aussi punit-il sévèrement
celui qui, après avoir divorcé pour ce motif, se remarie ou
libidinosè vivit : dans ce cas, ses biens passent aux enfants nés
du mariage rompu, et à leur défaut au fisc.

§ 3. — *Consentement du père de famille.* — Le fils et la
fille soumis à la puissance paternelle, ne pouvaient se
marier sans le consentement de leur père. Mais pouvaient-
ils divorcer sans son consentement ?

Nous avons vu que dans l'ancien droit, le père de famille
pouvait répudier le conjoint de son enfant sans l'assentiment
de celui-ci, pourvu qu'il jouît encore de la *patria potestas*, et
que ce droit exorbitant ne lui fut retiré que par Antonin le
Pieux et Marc-Aurèle. Valérien et Gallien, dans un rescrit
blâment la conduite d'une fille nommée Maxima, qui avait
divorcé pour remplir une condition écrite dans le testament
de sa mère : « Vous êtes plus répréhensible que votre mère.
Votre devoir, quand même une telle condition eût été ré-
putée valable, était de préférer à un intérêt pécuniaire
l'existence de votre mariage. D'ailleurs, de telles conditions
étant réprouvées par les bonnes mœurs, vous auriez pu, sans
danger de perdre l'hérédité, ne pas rompre le mariage. Re-
tournez donc chez votre mari, et soyez persuadée que l'accomplissement de cette condition ne vous empêchera pas de
conserver la succession de votre mère. »

Dioclétien et Maximien permettent à une fille exhérédée
par son père, d'intenter la *querela inofficiosi testamenti*, parce
que l'exhérédation avait pour motif le refus de cette fille de
se séparer du mari auquel elle était unie. Les mêmes empereurs, peu de temps après, décident qu'à moins de très-
graves motifs, un père ne pourrait rompre le mariage de sa

fille en puissance, si elle n'y consentait, et que jamais il ne pourrait de sa seule volonté répudier le mari de sa fille émancipée pour quelque motif que ce fût.

Mais lorsque la démence de l'enfant le mettait dans l'impossibilité de manifester sa volonté, le père pouvait envoyer le *repudium*, ainsi que nous l'avons vu. (D. 24. 2. 4.)

A bien plus forte raison, la mère ne pouvait forcer sa fille à divorcer.

Aucun texte ne dit expressément que le consentement du père fût nécessaire au fils qui voulait divorcer. Justinien (C. V. 17, 12 et nov. XXII. Ch. 19.) se flatte d'apporter aux pères de famille «*piissimum adjumentum*» en défendant aux fils de divorcer en fraude de leurs droits. On en pourrait conclure que, si Justinien croit devoir apporter un obstacle à des fraudes qui n'auraient pu se produire si le consentement du père eût été nécessaire, c'est qu'avant lui le fils de famille pouvait divorcer seul et sans le concours de son père. Peut-être que la nécessité de ce consentement était tombée en désuétude avant Justinien qui, en l'exigeant de nouveau, se vanta d'être le premier à donner aux parents ce *piissimum adjumentum*. Mais d'après les principes sur lesquels reposait la *patria potestas*, et surtout de ce que le père pouvait faire divorcer son fils *in potestate*, nous pouvons conclure, au contraire, que le fils ne pouvait rompre seul un mariage qu'il n'avait contracté qu'avec l'assentiment du père. Adopter l'opinion contraire, serait méconnaître les principes de la puissance paternelle à laquelle se trouvait soumis l'enfant, et lui accorder une liberté qui se trouverait en opposition avec les principales règles du droit de Rome, en ce qui touche la famille dont la *patria potestas* était la base fondamentale.

Justinien, suivant l'exemple de Marc-Aurèle et de Dioclétien, décida (C. V. 17, 12 et nov. XXII. Ch. 19.) que le fils et la fille, qu'ils fussent émancipés ou non, ne pourraient envoyer le *repudium* sans l'autorisation de l'ascendant qui aurait donné ou reçu, à l'occasion de leur mariage, une donation *propter nuptias,* ou une dot, et qui eût été lésé si leur mariage avait été rompu. En effet, la dot profectice, c'est à dire celle qui a été constituée par le père, doit lui revenir si la fille même émancipée meurt pendant le mariage ou est prise par l'ennemi. Si elle meurt après la dissolution du mariage, la dot passe à ses héritiers. Il y avait donc là une fraude possible : si la femme tombait malade et s'il y avait lieu de craindre qu'elle vînt à mourir, le mari lui envoyait le *libellus repudii,* parce que la dot profectice qui, dans le cas de mort avant le divorce, serait revenue au père, passât au contraire aux héritiers de la femme.

La même fraude était possible à la fille émancipée (elle pouvait, en effet, après son émancipation, divorcer sans le consentement du père) divorçait pour faire acquérir sa dot à son mari ; car, lorsque le divorce avait lieu par la faute de la femme, le mari gardait une partie de la dot. Si le *repudium* était envoyé sans le consentement du père de famille, il ne produisait aucun effet contre lui.

On pourrait peut-être conclure, de ce que Justinien exige que le fils obtienne pour divorcer le consentement du *pater familias,* quand il avait donné ou reçu une dot ou une donation *propter nuptias,* que, *a contrario,* toutes les fois qu'il n'y avait ni dot ni *donatio propter nuptias,* ce consentement n'était pas nécessaire. Mais, ainsi que nous l'avons dit plus haut, cette décision nous paraît trop contraire aux principes de la puissance paternelle, pour admettre qu'elle soit l'exacte expression de la vérité.

§ 4. — *Consentement du patron au divorce de son affranchi ou de son affranchie.* — Quant aux affranchis, Paul (V. 6, 15) nous apprend qu'Antonin le Pieux défendit aux patrons de rompre le mariage de leurs affranchis malgré eux. Il en résulte donc que le même droit qui était donné aux pères de famille relativement au divorce de leurs enfants, appartenait également aux patrons vis-à-vis de leurs affranchis, avant Antonin. Nous devons décider aussi que de même que le fils ne pouvait divorcer sans le consentement de son père, l'affranchi ne pouvait non plus répudier son épouse sans le consentement de son patron.

En ce qui concerne l'affranchie qui avait épousé son patron, une disposition spéciale avait été portée par les lois Julia et Pappia Poppœa: « *Divortii faciendi potestas libertœ, quœ nupta est patrono, ne esto.* » Ces mots ne veulent pas dire que l'affranchie ne pouvait pas rompre les liens de son mariage, il en était autrement; car Ulpien (D. 24, 2, 11), nous dit : « *Constare matrimonium dicere non possumus, cùm sit separatum.* » La loi Julia ajoute : « *Quandiù patronus eam uxorem esse volet.* » C'est là, en effet, ce qu'il y avait de particulier au divorce de l'affranchie : son mariage était bien dissous, mais tant que son patron conservait la volonté de l'avoir pour épouse, elle ne pouvait, ni se marier à un autre, le mariage eût été nul, ni même, d'après Julien, se donner en concubinat. De même l'affranchie ne pouvait non plus exercer l'action de dot.

Mais pour que cette incapacité fùt imposée à la femme, il fallait que son patron persistât dans la volonté de maintenir le mariage. Dès que cette volonté venait à cesser, sans qu'il fùt besoin que le patron l'exprimât expressément, la femme retrouvait le *connubium*. Ainsi le patron intentait-il contre elle l'action *rerum amotarum*, après que l'affranchie lui avait envoyé le *repudium*, elle recouvrait de suite la faculté de contracter un second mariage, parce que l'action *rerum amotarum* ne pouvait être intentée qu'après le divorce, et le patron, en l'exerçant, manifestait tacitement sa volonté de faire cesser le mariage. Il en était de même s'il l'accusait d'adultère, ou de tout autre crime dont personne n'accusait son épouse (D. 24, 2, 11). Le moindre indice d'un changement de volonté de la part du patron suffisait. Ainsi, s'il se fiançait, ou à plus forte raison s'il se mariait avec une autre femme, ou s'il prenait une concubine, cela prouvait suffisamment qu'il ne voulait plus maintenir le mariage.

Pour que ce droit appartînt au patron, il fallait que ce fût réellement un patron; ainsi la disposition des lois Julia et Pappia Poppœa ne s'appliquait point à celui qui n'avait affranchi une esclave que par fidéicommis. Bien que rigoureusement parlant il fût son patron, on ne pouvait admettre ici que la reconnaissance de l'affranchie, qui était le principal motif de cette disposition, fût aussi grande que dans le cas où le *manumissor* avait payé l'esclave de ses deniers.

Les lois Julia et Pappia ne s'appliquaient point à l'affranchie qui vivait en concubinat avec son patron. Mais cependant Ulpien professe l'opinion contraire, « parce que, dit-il, il est plus honorable pour un patron d'avoir son affranchie pour concubine que pour épouse. » (D. 25, 7, pro.) Justinien maintint la défense faite à l'affranchie de se marier *invito patrono*. (Nov. XXII, Ch. 37.)

La loi Julia défendait-elle à l'affranchi, marié à sa patronne, de contracter un second mariage tant qu'elle ne consentait pas à la rupture du premier? Les textes ne contiennent aucune disposition à cet égard; mais il est permis de conclure en présence de la différence profonde qui existe entre l'hypothèse du mariage d'un patron et de son affranchie et celle, au contraire, du mariage de la patronne et de son affranchi, qu'il ne devait point en être de même dans les deux cas, et qu'on ne doit pas étendre, au delà des limites qui lui avaient été tracées, une disposition dont le caractère était tout exceptionnel.

CHAPITRE II.

Des causes du divorce.

Nous avons dit que, dans les premiers temps de Rome, la faculté de divorcer n'avait été accordée par Romulus qu'au mari seul, et que les causes pour lesquelles il pouvait le faire n'étaient qu'au nombre de trois. Plus tard quand les divorces devinrent plus fréquents, il ne semble pas qu'ils fussent assujettis, comme autrefois, à des causes déterminées. C'était sans doute aux juges à décider si le motif allégué par l'époux qui voulait divorcer, était assez grave pour entraîner la rupture du mariage. S'il faut même en croire Plaute (*Mercator.*, acte IV, sc. V), les causes n'étaient pas les mêmes pour le mari que pour la femme, et celle-ci pouvait moins facilement divorcer :

> *Ecastor, lege dura vivunt mulieres,*
> *Multoque iniquiore miseræ quàm viri.*
> *Nam si vir scortum duxit clam uxorem suam,*
> *Id si rescivit uxor, impune est viro.*
> *Uxor viro si clàm domo egressa est foras,*
> *Viro fit causa, exigitur matrimonio.*
> *Utinam lex esset eadem quàm uxori viro !*
> *Ecastor, faxim, si itidem plectantur viri,*
> *Si quis clam uxorem duxerit scortum suam,*
> *Ut illæ exiguntur, quæ in se culpam comerent,*
> *Plures viri sint vidui, quàm nunc mulieres.*

La loi Julia, *de adulteriis*, essaya bien de mettre un frein au débordement des mœurs et à la multiplicité des divorces, en exigeant des formes dans lesquelles ils devaient être faits à peine de nullité, mais elle ne fixa pas encore les cas dans lesquels ils seraient admis.

Nous trouvons dans le Code, au titre *de repudiis* (V. 17. 1.) une constitution de l'empereur Alexandre Sévère, de l'année 230, déclarant que le mariage ne serait pas rompu par la déportation et l'interdiction de l'eau et du feu, si le malheur dans lequel etait tombé le mari, n'empêchait pas la femme de vouloir lui rester unie. La femme pouvait cependant demander le divorce.

Constantin défendit le divorce par consentement mutuel, et ne permit plus à un époux de répudier son conjoint que dans trois cas : Lorsque le mari était homicide, magicien ou violateur de tombeaux ; lorsque la femme était adultère, magicienne ou proxénète.

Constantin permit également à la femme du soldat de contracter un second mariage quand elle serait restée pendant quatre ans sans recevoir de nouvelles de son mari, et à la condition d'accomplir certaines formalités.

Honorius tout en confirmant la législation de Constantin, et en continuant de défendre le divorce par consentement mutuel, augmenta les causes du divorce, et admit que les époux pourraient divorcer pour des fautes légères.

Après lui, Théodose le Jeune, trouvant ces lois trop sévères, les abrogea en 439 après les avoir adoptées l'année précédente. Il fit revivre le divorce *bonâ gratiâ ;* mais, en 449, il énuméra les cas dans lesquels il était permis à un époux de répudier son conjoint.

Ces causes étaient au profit de la femme, lorsque le mari s'était rendu coupable d'adultère, d'homicide, d'empoisonnement, de complot contre l'empire, de faux, de violation de tombeaux, de vol dans les édifices consacrés ou ailleurs, de recel de voleurs, de détournement d'esclaves ou d'animaux ; lorsque en présence de son épouse il introduisait des femmes de mauvaise vie dans sa maison, lorsqu'il avait porté atteinte à la vie de son épouse, soit par le poison, le fer, soit de toute autre manière ; s'il l'avait frappée de verges (châtiment que ne doit point subir une femme ingénue).

De même le mari pouvait justement répudier sa femme lorsqu'elle était coupable d'adultère, d'empoisonnement, d'homicide, de détournement d'esclaves, de violation de tombeaux, de vol dans les lieux saints, de complicité de vol ; lorsqu'à l'insu de son mari ou malgré lui elle prenait part à des festins d'hommes étrangers ; lorsque malgré lui et sans motif plausible elle sortait la nuit ; que malgré sa défense elle allait au cirque, au théâtre, dans les lieux où se tiennent d'autres spectacles ; lorsqu'elle voulait attenter à sa vie par le poison, le fer ou de toute autre manière ; lorsqu'elle prenait part à des conspirations, ou se rendait coupable de faux, ou bien encore lorsqu'elle avait levé sur lui une main criminelle.

On voit par cette longue énumération combien Théodose avait augmenté les facilités du divorce, et combien peu de cas il devait exister encore dans lesquels le divorce pourrait être regardé comme n'ayant été provoqué par aucune cause légitime.

Le Digeste n'indique pas les causes du divorce. Le Code reproduit l'énumération faite par Théodose. Mais la Novelle XXII et la Novelle CXVII vinrent modifier les dispositions précédentes, en n'admettant le divorce *boná gratiâ* que dans un seul cas (Nov. 117), et en ajoutant plusieurs causes à l'énumération de Théodose.

Dans le Digeste, Justinien signale la démence comme une cause légitime de divorce. (D. 23, 3, l. 22, § 7.) Mais il n'en est pas toujours ainsi; si, en effet, la démence offre des intervalles lucides, et n'est point une cause de danger pour ceux qui vivent avec le *furiosus*, son conjoint ne peut le répudier sans encourir les peines infligées à celui qui divorce *injustè*, « parce que l'humanité exige que les époux partagent les maux qui peuvent les frapper. » Si au contraire la démence tournait en fureur, si elle était un danger pour l'autre époux, et s'il n'y avait aucun espoir de guérison, le *repudium* pouvait alors être envoyé sans que l'époux qui le faisait, encourût de peine, parce que la crainte qu'inspirait la démence et le désir d'avoir des enfants devaient être considérés comme des causes légitimes.

Dans tout autre cas la démence n'était point une excuse pour le divorce et le mariage ne pouvait être rompu.

L'empereur Léon permit au mari de divorcer dans le cas où sa femme était tombée en démence depuis son mariage, pourvu qu'elle fût restée trois ans dans cet état, et que sa démence ne fût pas arrivée par la faute du mari ou d'autres personnes dont il serait le complice (Nov. CXI).

Quant à la femme dont le mari était devenu fou, il lui permit de se remarier cinq ans après le commencement de la démence de son mari (Nov. CXII).

L'absence était également une juste cause de divorce. Constantin permit à la femme du soldat, absent depuis quatre ans sans donner de ses nouvelles, de se remarier après l'expiration de ce temps. Justinien trouvant que pour le mari occupé à faire la guerre, ce n'était pas un malheur moins grand de se voir ravir sa femme que d'être fait prisonnier par l'ennemi, et que le délai de quatre ans fixé par Constantin était beaucoup trop court, voulut que désormais la femme ne pût se remarier avant l'expiration de dix années (Nov. XXII, cap. XIV), pendant lesquelles elle devait avoir écrit à son mari et lui avoir fait donner de ses nouvelles. Il fallait de plus, à l'expiration de ce délai, outre certaines formalités imposées à la femme, que le mari renonçât expressément au mariage, ou gardât un silence absolu.

Plus tard, dans la Novelle CXVII, cap. 2, Justinien se montra plus sévère encore, et décida que quand le mari serait en expédition, la femme devrait l'attendre, quel que fût le temps depuis lequel elle n'avait reçu ni lettre, ni réponse de lui. Si le bruit se répandait que le mari était mort, elle devait s'en informer, soit par elle-même, soit par toute autre personne, auprès des *chartularii,* c'est-à-dire ceux qui inscrivent les noms des soldats et des morts, ou auprès de celui sous les ordres duquel servait son mari. De plus, la femme avait encore à attendre une année avant de se remarier. Tout mariage qu'elle aurait contracté sans observer ces formalités, était nul, et elle se rendait coupable d'adultère, ainsi que son nouvel époux. Si ceux que la femme avait interrogés avaient fait un faux serment, et l'avaient induite en erreur, ils devaient, après avoir été dégradés, payer au soldat dont ils avaient attesté la mort une amende de dix livres d'or, et, de plus, le mari pouvait, s'il le voulait, reprendre sa femme malgré le second mariage qu'elle avait contracté

Le Digeste (24. 2. pro.) cite la captivité comme un des modes de dissolution du mariage. La femme du captif voulût-elle lui rester unie, continuât-elle d'habiter chez lui, le mariage n'en était pas moins rompu. Cependant, sous un certain rapport, le mariage est réputé exister encore. En effet, aux termes de la loi 6, (Eod. tit.) et du chap. VII de la Novelle XXII, tant qu'il est certain que le mari existe, bien qu'il soit captif, sa femme ne peut se remarier. Vient-on à avoir des doutes sur son existence, ignore-t-on s'il est encore en captivité ou s'il est mort, la femme pourra se remarier sans encourir aucune peine, pourvu qu'il se soit écoulé cinq ans depuis la captivité.

Il en était de même pour le mari, si c'était la femme qui était captive.

Avant Justinien, si un homme ou une femme était condamné *ad metalla*, il tombait en servitude, et son mariage était dissous. Justinien ne voulut pas qu'un supplice pût d'un homme libre faire un esclave, et décida en conséquence, dans la Novelle XXII (cap VIII), que son mariage ne serait point rompu par sa condamnation.

La servitude encourue pour une autre cause était une cause de divorce. Ainsi cela pouvait avoir lieu dans le cas où un affranchi se rendait coupable d'ingratitude, ou bien dans le cas où un majeur de vingt ans se laissait par fraude vendre comme esclave pour prendre sa part du prix de vente. Dans ces deux cas le mariage était dissous.

D'après une constitution de Justinien insérée au Code, l'impuissance du mari était pour la femme une juste raison d'envoyer le *repudium;* mais il fallait que l'impuissance se fût prolongée pendant deux ans à partir du jour du mariage.

La Novelle XXII, ch. VI, prolongea ce délai d'un an. La Novelle CXVII met aussi l'impuissance au nombre des causes qui permettent de rompre le mariage sans encourir de peines.

Justinien ne parle pas de la stérilité de la femme, qui est cependant indiquée au livre 24, titre I, 61, du Digeste, comme une cause de divorce *bonâ gratiâ*.

Le monachisme fut une nouvelle cause de divorce introduite par Justinien dans la Novelle XXII, ch. V. L'un des époux put désormais, en embrassant la vie religieuse, rompre l'union conjugale. « Nous avons permis, dit Justinien, à l'homme et à la femme, aspirant à un état de vie plus parfait, *ad meliora migrans,* de rompre son mariage et de se séparer de son conjoint en lui laissant quelque légère consolation, pour vivre désormais dans la chasteté. »

La Novelle CXVII (C. 12) confirma cette cause.

Outre ces causes du divorce, et en plus de celles qui sont énumérées dans la constitution de Théodose, Justinien (Nov. XXII, C. 17) permit au mari de répudier sa femme : 1° lorsqu'elle se faisait avorter; 2° lorsqu'elle avait été au bain *cum libidinosis viris;* 3° lorsque, pendant le mariage, elle avait manifesté l'intention de prendre un autre mari.

Justinien trouvant plus tard que les époux avaient trop de facilités pour divorcer, et que les causes pour lesquelles ils pouvaient le faire sans encourir de peine, étaient beaucoup trop nombreuses, énuméra, dans la Novelle CXVII, les cas dans lesquels il serait désormais possible de répudier son conjoint.

Et d'abord le divorce par consentement mutuel, qui avait été consacré par la novelle XXII, et laissé libre au gré des époux, ne fut plus permis que dans le cas où les époux voulaient se séparer pour vivre dans la chasteté. Des peines furent infligées à celui qui, après avoir ainsi divorcé, viendrait à se remarier ou bien vivrait dans la débauche.

Théodose avait permis à la femme que son mari aurait frappée de verges de lui envoyer le *repudium.* Justinien abrogea cette disposition. (Nov. CXVII. C. 14). Le mariage ne put désormais être rompu pour ce motif, mais le mari qui s'était porté à de telles violences envers sa femme devait lui donner comme indemnité une somme égale au tiers de la donation anténuptiale. Il fallait, du reste, pour cela, que la femme ne se fût pas rendue coupable d'une faute pouvant entraîner le divorce.

Le divorce ne fut plus autorisé non plus parce que la femme avait, pendant le mariage, cherché un nouvel époux.

Voici les causes en vertu desquelles la novelle CXVII permit au mari d'envoyer le *repudium* :

1° La complicité de la femme dans une conjuration contre l'empire, ou le silence qu'elle avait gardé sur cette conjuration à l'égard de son mari. Si le mari auquel elle l'avait dénoncée, ne la dévoilait pas, elle pouvait la révéler aux autorités par l'entremise de toute personne, et empêcher ainsi que son mari eût une juste cause de demander contre elle le divorce.

2° L'adultère de la femme. Si le mari croyait pouvoir convaincre sa femme d'adultère, il devait l'en accuser ou accuser son complice. L'accusation était-elle fondée, le mari pouvait envoyer le *repudium*.

3° L'attentat à la vie du mari par la femme, ou bien le silence qu'elle aurait gardé sachant que sa vie était menacée par d'autres.

4° Un repas ou un bain pris par la femme avec des étrangers malgré son mari.

5° L'absence de la femme de la maison conjugale au mépris de la volonté du mari, à moins que ce ne fût pour aller chez ses parents.

6° Sa présence au cirque, au théâtre, à l'amphithéâtre, soit à l'insu, soit contre le gré de son mari.

Mais s'il arrivait que, sans avoir un des motifs qui précédent, le mari chassait sa femme du domicile conjugal, et que celle-ci, n'ayant aucun parent chez lequel elle pût se réfugier fût obligée de passer la nuit dehors, le mari ne pouvait demander le divorce à raison de cette absence dont il était la cause.

La femme pouvait, de son côté, légitimement demander le divorce :

1° Lorsque le mari était complice d'une conjuration contre l'empire, ou lorsqu'en ayant eu connaissance, il ne la dévoilait pas, soit lui-même, soit par l'entremise de toute autre personne.

2° S'il avait attenté d'une façon quelconque aux jours de sa femme, ou bien si, connaissant le danger dont elle était menacée de la part d'autres personnes, il ne l'en prévenait pas, et négligeait d'attirer sur les coupables les peines portées par les lois.

3° Si, tendant un piége à la chasteté de sa femme, il avait tenté de lui faire commettre un adultère.

4° S'il l'avait faussement accusée d'adultère. Dans ce cas, outre les peines pécuniaires que subissait le mari, et que nous examinerons plus loin, il était condamné aux peines corporelles que la femme aurait eu à subir si l'accusation d'adultère avait été justifiée.

5° Lorsque, dans la maison où il résidait avec sa femme, et au mépris de celle-ci, il entretenait une femme étrangère; ou bien lorsque, dans la même ville, mais dans une autre maison que la sienne, il avait des relations suivies avec une autre femme, malgré les avis plusieurs fois répétés de ses parents, de ceux de sa femme ou de personnes dignes de foi.

Justinien (ch. XII) confirme de plus les trois causes suivantes, qui étaient reconnues déjà par des constitutions précédentes, savoir : l'impuissance, le désir de vivre dans un monastère et la captivité.

Telles furent les dernières modifications et les derniers changements qu'apporta Justinien aux causes du divorce. Mais ses successeurs ne maintinrent pas plus dans leur entier ses constitutions, qu'il ne l'avait fait pour celles des empereurs qui l'avaient précédé.

Justin II, successeur direct de Justinien, ne tarda pas à

rétablir le divorce par consentement mutuel, parce que, dit-il, il y a des haines et des dissentiments si violents qu'il est impossible de réconcilier ceux qui en sont tourmentés. D'ailleurs, maintenir dans le mariage deux époux qui n'ont plus l'un pour l'autre que de la haine, c'est non-seulement les condamner à une existence malheureuse, mais même les exposer à commettre des crimes (nov. 140.)

Léon le Philosophe admit le divorce au profit du mari, lorsque la femme s'était fait avorter (nov. 31.) et encore lorsque la femme avait, du vivant de son mari, cherché un autre époux, parce que, dit-il, la femme qui, « *oculum a membro suo avertens, in alienum respicere gestit,* » montre suffisamment qu'elle est l'ennemie de son mari (nov. 30.) Ces deux causes d'abord admises par Justinien avaient été ensuite abandonnées par lui.

Dans la novelle 33, il défend à la femme dont le mari militaire est captif ou absent, de se remarier quel que soit le temps qui se soit écoulé depuis sa disparition, et bien que depuis ce temps la femme n'ait reçu aucune lettre ou nouvelle de lui.

CHAPITRE III.

Des formes du divorce.

Le divorce *bonâ gratiâ* ne fut jamais soumis à aucune forme légale, et jusqu'à Auguste il en fut de même du divorce par voie de répudiation. Valère Maxime rapporte que : « Toutes les fois qu'il s'élevait quelque différend entre deux époux, ils se rendaient au temple de la déesse Viriplaca, sur le mont Aventin, et là, après s'être expliqués, l'un et l'autre, ils renonçaient à leur querelle, et s'en retournaient réconciliés. »

Cependant, d'après plusieurs passages de quelques auteurs, il semble probable que le mari devait, avant de répudier sa femme, prendre l'avis d'une sorte de conseil de parents ou d'amis. Ainsi, Valère Maxime nous apprend que les censeurs chassèrent du sénat Lucien Antonius, parce que, sans prendre le conseil de ses amis, il avait répudié une jeune fille qu'il avait épousée. Ainsi encore dans son *Stichus*, Plaute fait dire par un père à ses filles qu'il veut faire divorcer :

« *Mihi auctores sunt amici, ut vos hinc abducam domum.* »

Nous ne tirerons pas de ces passages la conclusion que le divorce ne pouvait avoir lieu, si l'avis de ce conseil d'amis ou de parents n'avait été préalablement demandé ; mais on peut supposer que le mari ou le père qui envoyait le *repudium* sans avoir rempli cette formalité, s'exposait à être regardé comme ayant provoqué le divorce sans juste cause, et par suite à supporter les peines infligées à celui qui divorçait par sa faute.

Avant Auguste, avons-nous dit, aucune solennité n'était exigée pour le divorce. Cependant une exception avait lieu autrefois, avant que la *manus* eût complétement disparu, lorsque le mariage avait été contracté *per confarreationem*. Le divorce ne pouvait se faire alors qu'au moyen d'une cérémonie contraire à celle qui avait accompagné la célébration du mariage, la *diffarreatio*.

Lorsque la *manus* avait été acquise *per coemptionem*, nous savons qu'elle pouvait être abandonnée par une *remancipatio*. Bien que les textes ne nous parlent pas de ce qui avait lieu dans le cas d'un mariage *per coemptionem*, pour le divorce, peut-être pourrions-nous conclure de ce qui se passait dans le cas de confarréation, que le divorce n'avait lieu également qu'à la suite d'une *remancipatio*.

Une déclaration quelconque de volonté suffisait pour que le divorce eût lieu. « *Valeas, tibi habeas res tuas, redde meas,* » dit Plaute (*Amphitryon*. Act. III, sc. 2.)

Dans l'usage cependant, l'époux qui renonçait à la vie commune signifiait sa volonté à son conjoint. Cette signification se faisait ordinairement par l'intermédiaire d'un affranchi, et était conçue dans l'une des deux formules suivantes : « *Tuas res tibi habeto,* » si elle émanait du mari ; « *Tuas res tibi agito,* » si elle émanait de la femme. Entre fiancés on se servait de la formule suivante : « *Conditione tuâ non utor.* »

Dans divers auteurs, nous trouvons d'autres formules qui sans être tout à fait identiques, expriment cependant au fond la même idée. Ainsi dans Apuleius :

« *Tu confestim toro meo divorte, tibique res tuas habeto.* »

Dans Martial :

> .... « *Proculeia maritum*
> *Deseris, atque jubes res sibi habere suas.* »

Le mari en répudiant sa femme avait coutume de lui retirer les clefs et de la faire sortir après lui avoir rendu sa dot. (Cicéron. Philip. II.) De même la femme qui divorçait, rendait les clefs à son mari avant de sortir de chez lui. (St Ambroise, Ep. 65.) C'était, en effet, une coutume contraire à celle qui était usitée au moment de la célébration du mariage, où la femme recevait de son mari les clefs de la maison en signe d'autorité.

Pétrone fait dire à un mari qui répudie sa femme adultère : « *Quia fidem scelere violasti, et communem amicitiam, res tuas, ocius tolle et alium locum quem polluas, quœre.* »

La femme adultère que son mari répudiait, était dépouillée de la stole, vêtement des femmes honnêtes, et revêtue de la toge, costume des courtisanes.

Il n'était même pas nécessaire d'envoyer le *repudium* à son conjoint par l'entremise d'un affranchi ou d'un messager quelconque. Une simple lettre suffisait : c'est ainsi que Cicéron répudia sa femme Térentia, par une lettre qu'il lui écrivit directement.

La preuve en effet que ces formes n'avaient rien d'obligatoire, c'est que l'on discutait au temps de Cicéron (*de Oratore* I. 40), si le divorce pouvait résulter d'une manifestation tacite de volonté, et par exemple d'un second mariage que

le mari aurait contracté sans répudiation préalablement signifiée à sa première femme. « Dans ces causes, dit Cicéron,
et au sujet de l'enfant né d'une seconde femme, sans que le
repudium eût été envoyé à la première femme, un dissentiment profond régnait entre les hommes expérimentés dans
la science du droit. »

La loi Julia *de adulteriis*, sans supprimer complétement
les usages que nous venons de décrire et qui continuèrent
encore quelque temps, exigea, à peine de nullité du divorce,
que la volonté de répudier fût exprimée en présence de sept
témoins, citoyens romains et pubères, non compris l'affranchi qui portait le *libellus.* (D. 24. 2. 9.) C'est qu'en effet, pour
des raisons nouvelles, il importait que la date du divorce fût
fixée avec précision, cette date devant servir de point de dé-
part aux délais pendant lesquels la femme pourrait être
poursuivie pour adultère, serait incapable d'affranchir, ou
dispensée de se remarier sans encourir les peines des lois
caducaires.

·La loi Julia n'exigea point l'emploi d'une formule déterminée pour le *libellus;* quoi qu'en dise Cujas, que les paroles
« *res tuas tibi habeto* », « *res tuas tibi agito* », fussent solennelles et que le divorce eût été ainsi rangé parmi les *actus
legitimi*, aucun texte ne confirme cette assertion, et même,
ainsi que nous l'avons vu, les formules citées par les auteurs
n'offrent pas toutes une similitude parfaite. Ce qui fut exigé
par la loi Julia, ce fut la solennité de la remise par l'affranchi
du *libellus repudii*, en présence de témoins, à raison des conséquences que la loi Julia fit résulter du divorce et qui
demandaient que l'époque de la cessation du mariage fût
connue exactement.

On exigeait l'intermédiaire d'un affranchi, parce que cette
mission rentrait dans les *officiales operæ* que le patron avait
le droit d'exiger de lui. Par affranchi on entendait non-
seulement celui qui avait été mis en liberté par l'époux,

mais encore celui qui l'avait été par son père, son aïeul, son bisaïeul.

Justinien n'ajouta aucunes formalités nouvelles à celles qui étaient exigées par la loi Julia. On continua donc d'observer toutes les règles relatives au nombre et à la capacité des témoins, ainsi qu'au *libellus repudii.*

Il y eut cependant deux cas dans lesquels la présence de témoins n'était pas nécessaire. Le premier cas est celui où l'un des époux est prisonnier chez l'ennemi. Tant qu'il est certain qu'il existe, le conjoint qui est resté dans la cité ne peut se remarier sans encourir les peines *injusti repudii.* Mais si le captif n'envoie pas de ses nouvelles, son conjoint peut se remarier quand il s'est écoulé cinq ans depuis sa captivité, et sans qu'il soit besoin d'envoyer le *repudium.*

Le second cas est celui de l'absence pour service militaire. Constantin avait admis que la femme du soldat absent pourrait se remarier après avoir attendu quatre ans, et après avoir remis le *libellus* au chef sous lequel son mari avait servi. Justinien, par la novelle XXII, ainsi que nous l'avons vu, porta le délai à dix ans, et voulut que le *libellus* fût remis au chef du mari ; puis, que la femme adressât une supplique à l'empereur, pour pouvoir se remarier. La novelle CXVII se montra plus sévère encore, et exigea de la femme une sorte d'enquête pour s'assurer de la mort de son mari, avant de contracter un second mariage.

Ces deux cas exceptés, les formes du divorce sont toujours les mêmes.

CHAPITRE IV.

Des effets du divorce.

Nous pouvons étudier les effets du divorce sous trois rapports différents, savoir, relativement : 1° à la personne des époux ; 2° à leurs biens ; 3° aux enfants nés du mariage.

§ 1. *Effets du divorce relatifs à la personne des époux.* —
Nous avons vu que, d'après Plutarque, le mari qui, au temps
de Romulus, répudiait sa femme pour un autre motif que
ceux qui étaient déterminés par la loi, perdait ses biens et
était dévoué aux dieux infernaux.

Plus tard, sous la République, quand les divorces com-
mencèrent à se multiplier, on crut trouver un frein à cette
licence en faisant noter d'infamie par les censeurs les
hommes qui divorçaient sans motif légitime. Mais cette mesure ne dut pas être appliquée pendant longtemps; et nous
pouvons croire qu'elle tomba de bonne heure en désuétude,
quand nous voyons tant d'hommes illustres de Rome divorcer
pour les causes les plus légères, sans qu'aucun historien
nous apprenne que de tels divorces les aient fait noter d'infamie.

Quant à la femme qui avait divorcé *injustè*, la peine qu'elle
subissait était la perte de tout ou d'une partie seulement de
sa dot. Nous aurons à nous en occuper sous le § 2.

Auguste voulut réprimer la licence du divorce, et essaya
de remettre en honneur le mariage. Les époux avaient été
jusque-là libres de se remarier ou non. Les lois Julia et
Pappia vinrent les obliger à contracter une nouvelle union,
sous peine d'encourir les déchéances dont ces lois frappaient
les célibataires. Mais le divorce n'entraînait pas les mêmes
conséquences pour l'homme que pour la femme. L'homme
n'avait aucun délai pendant lequel il lui fût permis de ne pas se
remarier : il rentrait immédiatement dans la classe des célibataires et était soumis aux mêmes peines.

Quant à la femme, la loi Julia lui avait accordé un délai de
six mois seulement pour se remarier après son divorce. Ce
délai trop court fut porté à dix-huit mois par la loi Pappia.
Ce temps écoulé, elle était considérée comme célibataire.

Les époux divorcés pouvaient sans doute se remarier immédiatement. Mais la possibilité d'une grossesse de la femme,
antérieure au divorce, donnait lieu à des mesures particu-

lières à son égard. Le sénatusconsulte Plancien avait prévu ce cas. En effet, la femme divorcée se croit-elle enceinte, elle doit, soit par elle-même, soit par le père sous la puissance duquel elle se trouve, ou par un mandataire, dénoncer sa grossesse au mari dans les trente jours du divorce, pour qu'il puisse la faire examiner et lui envoyer des gardiens. Si la femme accepte ces gardiens et accouche effectivement, l'enfant sera réputé appartenir au mari comme s'il fût né pendant le mariage. Si le mari, sur la dénonciation que lui fait sa femme, garde le silence, l'enfant dont elle accouche est réputé le sien. Toutefois Julien (D. 25, 3,1, § 14), décide que dans ce cas le mari qui n'aura pas rempli les formalités pourra désavouer l'enfant, mais sera cependant forcé de le nourrir; car il serait, dit-il, trop injuste que celui qui au retour d'un long voyage trouve sa femme enceinte, soit obligé de garder comme son héritier un enfant dont il sait n'être pas le père, et dont pour ce motif il a répudié la mère.

Mais si la femme ne veut pas recevoir les gardiens que son mari lui envoie, ou bien si elle néglige de dénoncer sa grossesse, le mari sera toujours libre de nier sa paternité. (Paul, II, 24, §§ 5 et 6; — D. 25, 3, 1.)

Il peut aussi arriver que la femme prétende n'être pas enceinte et que le mari soupçonne le contraire. Dans ce cas un rescrit de Marc-Aurèle permet de faire examiner la femme par cinq sages-femmes désignées par le préteur. Si à la majorité des voix elles reconnaissent la grossesse, on donne des gardiens à la femme, ou on l'envoie accoucher chez une femme de bonne réputation, en l'entourant d'une surveillance minutieuse. (D. 25, 4. — Paul, II, 24, §§ 6 à 9.)

Lorsque le divorce n'avait pas lieu *bonâ gratiâ,* la femme ne pouvait ni aliéner, ni affranchir ses esclaves dans les soixante jours qui le suivaient. Cela tient à ce que le divorce dans un tel cas rendait probable l'adultère de la femme, et qu'en affranchissant ses esclaves qui auraient pu témoigner contre elle, elle aurait pu les dérober à la torture qu'on employait pour arracher des aveux aux esclaves, mais qui n'était pas usitée contre les hommes libres.

Après le délai de soixante jours, la femme recouvrait sa capacité; en effet, pendant ce temps le mari et le père de la femme avaient seuls le droit de la poursuivre pour adultère. Ce délai expiré, l'action appartenait à toute personne; mais le père et le mari qui étaient les plus intéressés, ayant jusqu'alors gardé le silence, on pouvait supposer que l'accusation qui serait alors portée contre elle, ne reposerait sur aucun fondement.

Quant à la défense d'aliéner ses esclaves, elle tenait à ce que l'accusateur qui voulait faire mettre l'esclave d'autrui à la torture, devait préalablement l'acheter. Or, permettre à la femme d'aliéner ses esclaves, c'était lui permettre par suite d'éloigner des témoins dangereux pour elle ; car le mari n'aurait pu les faire mettre à la torture qu'après les avoir achetés, et ses ressources pécuniaires pouvaient peut-être ne pas lui permettre cette dépense.

Constantin voulut que la femme qui divorçait en dehors des trois cas énumérés dans sa constitution de 331, non-seulement perdît tous ses biens, mais fût déportée dans une île. Quant au mari qui se rendait coupable de la même faute, il devait rendre la dot de sa femme, et de plus il lui était interdit de se remarier. S'il contractait un autre mariage malgré cette défense, sa première femme avait le droit de prendre tous ses biens et même la dot de la seconde femme.

Honorius établit également contre ceux qui divorçaient injustement des peines qui variaient selon la gravité de la faute.

Ainsi le divorce a-t-il lieu sans cause, la femme, outre la perte de sa dot et des donations, est déportée dans une île, sans aucun espoir d'être réintégrée dans ses droits, et de plus il lui est interdit de se remarier. Quant au mari qui a divorcé sans cause, il rend la dot et perd la donation anténuptiale, et de plus il est condamné à un célibat perpétuel. Sa femme peut se remarier un an après.

Le divorce a-t-il pour cause des fautes légères, la femme perd sa dot et les donations qui lui ont été faites, et elle ne peut contracter un second mariage. Dans le même cas, le mari, si c'est lui qui a envoyé le *repudium*, rend la dot, mais reprend la donation qu'il a faite.

Enfin le divorce a-t-il lieu *justè ?* la femme perd sa dot et la donation qui lui a été faite. Le mari rend la dot sans reprendre la donation qu'il a faite, mais la femme ne peut se remarier que cinq ans après le divorce.

Théodose avait indiqué les cas dans lesquels on pourrait divorcer, et porté des peines sévères contre ceux qui l'auraient fait en dehors de ces cas. Ainsi la femme perdait sa dot et la donation anténuptiale et ne pouvait se remarier pendant cinq ans. Si malgré cette prohibition elle se mariait, elle était notée d'infamie, et son mariage était nul. Elle pouvait attaquer cette mesure; et si elle triomphait elle reprenait sa dot, gardait la donation et pouvait se remarier au bout d'un an. Le mari qui divorçait sans cause rendait la dot, et perdait la donation anténuptiale.

Anastase ne permit à la femme de se remarier qu'après une année, quand le divorce avait eu lieu *bonâ gratiâ* sans invoquer aucune des causes fixées par Théodose.

Sous Justinien, celui des époux qui divorçait en dehors des causes énumérées par la novelle XXII, était frappé de peines pécuniaires. De plus la femme ne pouvait se remarier pendant cinq ans. Mais si elle avait eu une juste cause, ou bien si son mari l'avait répudiée *injustè*, elle pouvait au bout d'une année contracter un nouveau mariage.

Si une femme rompait son mariage en dehors des causes énumérées dans la novelle CXVII, elle était renfermée dans un couvent jusqu'à sa mort. Quant à ses biens elle les perdait; nous verrons plus loin qui les recueillait.

La novelle CXXXIV (ch. XI), décida que quand les époux

rompaient les liens de leur mariage, sans alléguer aucune cause légitime, ils seraient enfermés dans un monastère jusqu'à la fin de leur vie. Si avant d'entrer dans le monastère ils consentaient à se réconcilier et à se réunir, ils échappaient à cette sorte de détention. Si l'un d'eux seulement donnait son consentement à ce rapprochement, l'autre conjoint seul était puni.

Ceux qui avaient prêté les mains à de tels divorces, et le notaire qui avait rédigé l'acte de divorce, étaient frappés de peines corporelles et envoyés en exil.

§ 2. *Effets du divorce relatifs aux biens.* — A l'origine le mari en acquérant la *manus* sur sa femme, acquérait en même temps tous ses biens, il en résultait que la femme ne pouvait rien lui réclamer à la dissolution du mariage; car il est vraisemblable que le mari dont la puissance sur sa femme était assimilée à la puissance paternelle, ne pouvait pas plus être forcé à lui restituer quelque chose, que cela n'avait lieu pour le père à l'égard de ses enfants. Cependant Romulus en permettant le divorce dans trois cas déterminés, décida que si, en dehors de ces cas, le mari répudiait sa femme, il serait obligé de lui donner la moitié de ses biens, l'autre moitié étant consacrée à Cérès. La femme trouvait donc là une compensation équitable à la perte de sa dot. Le divorce avait-il eu lieu pour une des trois causes indiquées, la femme perdait tous ses biens; mais elle ne pouvait imputer cette perte qu'à elle seule, puisque c'était par sa faute que le divorce était arrivé.

Si à l'origine la dot ne dut pas être restituée, le droit ne tarda pas à changer. La *manus* qui, dans le principe, avait accompagné tout mariage, commença avec la civilisation qui changea les mœurs des Romains, à devenir moins usitée. Les femmes cherchèrent à se soustraire à cette puissance excessive dont les conséquences étaient si graves pour elles au point de vue de leur fortune. Du moment que la *manus* ne fut plus l'effet nécessaire du mariage, le mari ne devint plus comme auparavant propriétaire de tous les biens de sa femme; dès lors le principe de la restitution auquel s'opposait la *manus* put s'établir facilement.

Dans les premiers siècles de Rome, alors que le divorce était encore peu en usage, on n'avait pas encore senti la nécessité d'assurer à la femme la restitution de sa dot. Ce n'est qu'après le divorce de Carvilius Ruga, qui fut le commencement de cette multiplicité de divorces, que, d'après Aulu-Gelle, on s'aperçut de la nécessité des *cautiones rei uxoriæ*.

Si la restitution de la dot fut une compensation accordée à la femme qui divorçait par la faute de son mari, on punit par la perte de sa dot celle qui divorçait sans cause ou dont l'inconduite avait occasionné le divorce. C'est ce que nous apprennent Valère Maxime et Pline le Jeune.

Par suite de la corruption des mœurs le sentiment de la famille avait perdu sa force à Rome; l'abus du divorce avait eu pour résultat de faire abandonner de plus en plus le mariage, nul ne se souciant de s'engager dans les liens d'un mariage, qui pouvait être rompu au gré de son conjoint et pour ainsi dire sans d'autre motif que son caprice. Auguste essaya d'apporter un remède à ce mal toujours croissant. Nous avons vu que les lois Julia et Pappia Poppœa poussèrent les citoyens au mariage en frappant de certaines déchéances les célibataires, et qu'elles imposèrent aux époux divorcés l'obligation de se remarier, le mari immédiatement, la femme au bout de dix-huit mois, sous la menace d'être frappés des mêmes peines que les célibataires. Pour favoriser les seconds mariages, plus peut-être dans l'intérêt de l'Etat qui avait besoin de citoyens, que dans celui des femmes (*interest reipublicæ dotes salvas habere propter quas nubere possint*), les mêmes lois continrent des dispositions destinées à garantir la restitution de la dot. De là vint aussi le principe que le fonds dotal ne peut être aliéné sans le consentement de la femme.

Le divorce *bonâ gratiâ* produisait quant aux biens des

époux les effets qu'ils lui voulaient faire produire. L'action *rei uxoriæ* réglait la restitution de la dot en cas de répudiation.

« Quand le mariage est dissous par le divorce, dit Ulpien (VI, § 6), la femme peut réclamer sa dot à son mari par l'action *rei uxoriæ*, que la dot soit *adventice* ou *profectice*. L'action *rei uxoriæ* était une action de bonne foi ; le juge avait pour mission d'empêcher qu'aucune des parties fît aux dépens de l'autre le plus petit bénéfice.

Quand la femme n'est pas *sui juris*, il semblerait, d'après les principes de la puissance paternelle, que le père, sous le pouvoir duquel elle se trouve, devrait seul exercer l'action *rei uxoriæ*, puisque tout ce que sa fille acquiert est pour lui. Mais la faveur de la dot était si grande, qu'on avait cru devoir déroger aux règles de la puissance paternelle ; en conséquence, le père ou l'ascendant qui a cette puissance ne peut exercer l'action *rei uxoriæ* qu'avec le concours de sa fille, *adjectâ filiæ personâ*. (Ulpien, VI, § 6.) Réciproquement, la fille ne peut agir sans le concours de l'ascendant. Du reste, la fille peut être considérée comme concourant et donnant son consentement, si sachant que l'ascendant commence des poursuites, elle ne s'y oppose pas formellement. Si le mari vient à payer la dot au père seul, sans qu'on puisse supposer que la fille ait donné son consentement, même tacitement, il ne se libère pas, et sa femme reste toujours sa créancière. Mais il peut agir contre l'ascendant, et intenter contre lui une *condictio indebiti*, à moins que la femme ne ratifie le paiement.

Cette dérogation au principe de la puissance paternelle avait pour but surtout d'assurer à la fille le moyen de veiller à la conservation de sa dot, pour qu'elle pût ensuite contracter un second mariage. Ainsi, la femme mourait-elle après le divorce, l'action ne passait point à ses héritiers, à moins qu'elle n'eût mis son mari en demeure. (Ulpien, VI, § 7.)

Comme par suite de l'abandon de la *manus*, les patrimoines des deux époux restaient distincts, on trouva le moyen de punir, sur ses biens, celui des époux qui divorçait sans cause. C'est ainsi qu'on établit contre la femme les *retentiones,* qui permettaient au mari de conserver une part de la dot de la femme, et qui remplacèrent l'ancien droit en vertu duquel la femme coupable perdait la totalité de sa dot. Bien que nous n'ayons aucun texte relatif à l'origine de ces *retentiones,* il est vraisemblable qu'elles furent créées par les lois Julia et Pappia.

Les *retentiones* peuvent être exercées sur la dot pour les cinq causes suivantes: *propter liberos, propter mores, propter impensas, propter res donatas, propter res amotas.* Les deux premières rentrant seules dans notre sujet, nous ne nous occuperons pas des autres.

Retentio propter liberos. Elle a lieu au profit du mari seulement en cas de divorce, lorsque le divorce est arrivé par la faute de la femme ou de l'ascendant sous la puissance duquel elle se trouve. La faute de l'ascendant consiste à avoir envoyé sans motif le *libellus repudii.* La faute de la femme consiste à avoir, par sa conduite antérieure, motivé le divorce, ou à avoir envoyé le *repudium,* sans qu'aucun fait antérieur de son mari ait justifié cet acte. Il n'y a pas lieu à rétention quand le divorce a été motivé par la conduite de l'un et de l'autre époux. La faute qui autorise la rétention disparaît et ne peut plus jamais être invoquée si, après le divorce, le mari se fiance de nouveau à la même femme qui, avant de contracter le second mariage, lui envoie le *repudium;* mais il faut pour cela que les fiançailles aient lieu volontairement de la part du mari, qui pourrait exercer la rétention à raison de la faute de sa femme. Les fiançailles faisaient, en effet, supposer que le mari lui avait pardonné et s'était réconcilié avec elle.

La *retentio propter liberos* est d'un sixième de la dot par chaque enfant, mais elle ne peut jamais dépasser trois sixièmes ou la moitié de la dot, quel que soit le nombre des enfants.

Cette rétention se justifie par deux motifs : 1° il faut punir la femme qui, par sa faute, a amené la dissolation du mariage; 2° le mari continuant après le divorce à devoir entretenir les enfants qui sont une charge du mariage, il est juste qu'on lui laisse une partie de la dot qui était destinée à subvenir à ces charges, et qui aurait continué de servir à cette destination, sans la faute de la femme ou de son père qui avait amené la dissolution du mariage.

Ces deux motifs doivent concourir; il en résulte que si c'est par la faute du mari que le divorce est arrivé, ou bien s'il n'y a pas d'enfants, le mari ne peut exercer la rétention. En effet, dans le premier cas, ce serait punir injustement la femme pour une faute qu'elle n'a pas commise, et dans le deuxième cas, le mari n'a aucune charge à supporter, puisqu'il n'y a pas d'enfants.

La rétention *propter liberos* n'a lieu de droit que quand le divorce est arrivé par la faute de la femme ou de son ascendant. Mais les conventions sont permises en cette matière, et il est loisible aux époux de convenir qu'elle aura lieu en cas de divorce, même intervenu sans la faute de l'ascendant ou de la femme.

La rétention *propter liberos* s'exerce non-seulement à raison des enfants, mais aussi à raison des petits-enfants, lorsqu'ils sont encore sous la puissance du mari, leur aïeul, car alors leur entretien est à sa charge.

Retentio propter mores. La rétention *propter mores,* comme la précédente, ne peut être exercée que par le mari. Elle a pour cause l'inconduite de la femme, et a lieu dans deux cas:

1° *Propter graviores mores,* c'est-à-dire dans le cas d'adultère de la femme. La rétention porte alors sur un sixième de la dot ; mais elle ne peut s'exercer quand le mari a toléré ou favorisé l'adultère de sa femme.

2° *Propter minores mores,* dans le cas de fautes légères, ce qui comprend tous les actes d'inconduite de la femme qui ne constituent point un adultère. La rétention ne porte alors que sur un huitième de la dot. S'il est reconnu que les deux époux ont chacun de leur côté une conduite répréhensible, il n'y a pas lieu à la rétention. Si la femme meurt avant que la rétention *propter mores* ait été intentée contre elle, son mari ne peut plus la former contre ses héritiers, car c'est une véritable action pénale.

La rétention *propter liberos* ne peut plus être exercée que par voie d'exception. Si donc, le mari actionné en restitution de la dot, la rend sans invoquer la rétention, il ne peut plus recourir contre la femme. La rétention *propter mores* pouvait au contraire être exercée, soit par voie d'exception devant le juge de l'action *rei uxoriæ*, soit par voie d'action spéciale ; ce dernier mode était surtout utile lorsque la dot avait été restituée purement et simplement. Cette action spéciale était l'action *de moribus*, ou *judicium morum*. La rétention *propter liberos* était donc moins avantageuse sous ce rapport pour le mari que la rétention *propter mores.* Mais sous un autre rapport, la première lui était plus favorable, puisque le mari pouvait ainsi obtenir jusqu'à la moitié de la dot, tandis que la seconde ne lui accordait jamais plus du tiers.

Ces deux rétentions pouvaient-elles être cumulées ? Les auteurs ne sont pas d'accord sur cette question. Mais il est plus vraisemblable que le cumul ne pouvait avoir lieu.

En effet, pour qu'il y ait rétention *propter liberos*, il faut que deux conditions concourent : 1° faute de la femme ; 2° existence d'enfants. Pour qu'il y ait rétention *propter mores*, il suffit qu'il y ait mauvaise conduite de la femme. Ce simple rapprochement démontre que la rétention *propter mores*, si elle pouvait s'exercer en même temps que la rétention *propter liberos*, ferait double emploi avec cette dernière, puisque la rétention *propter mores* a lieu dans des cas qui, constituant une faute de la part de la femme, autorisent l'exercice de la *retentio propter liberos*. On peut donc en conclure que l'une ne pouvait être exercée en même temps que l'autre.

Lorsque le divorce avait lieu par la faute du mari, on avait trouvé dans la restitution qu'il devait faire de la dot, le moyen de punir ses mauvaises mœurs, comme celles de la femme étaient punies au moyen de la rétention. La dot était-elle composée de quantités, c'est-à-dire de choses que le mari ne devait d'après la loi restituer qu'en trois ans, d'année en année, la restitution devait alors avoir lieu de la manière suivante : immédiatement en cas de *majores mores*, c'est-à-dire d'adultère du mari ; par tiers et de six mois en six mois au lieu d'année en année, dans le cas de *minores mores*, (ce qui comprend tous les actes d'inconduite du mari autres que l'adultère.)

La dot était-elle composée de choses que le mari devait restituer sans délai, c'est-à-dire de corps certains, non-seulement le mari devait la restituer immédiatement, mais même dans le cas de *majores mores*, il devait rendre la dot avec deux années de revenu. L'inconduite du mari n'est donc pas frappée d'une peine pécuniaire aussi grave que celle de la femme, puisque le mari n'est puni que par une privation de revenus, tandis que la femme est châtiée par une perte du capital.

Constantin ne trouva pas que les époux qui divorçaient sans cause fussent assez punis, la femme par les *retentiones*, le mari par la perte d'une ou de deux années de revenus. Il voulut donc par des peines plus sévères encore réprimer l'abus du divorce. Nous avons vu une partie des peines qu'il porta contre ceux qui auraient divorcé en dehors des trois causes énumérées dans sa constitution de 331. Outre la déportation dans une île infligée à la femme, et la prohibition de se remarier faite aux deux époux, ils étaient encore frappés de peines pécuniaires. La femme perdait sa dot, et la donation qu'elle avait reçue ; elle devait laisser tout ce qui lui appartenait, à son mari, *usque ad acuculam*, et sortir les mains vides de la maison conjugale.

Quant au mari, il devait rendre la dot de sa femme sans en rien retenir ; si malgré la prohibition qui lui était faite il se remariait, sa première femme pouvait s'emparer de tous ses biens, même de ceux qui composaient la dot de sa seconde femme.

Une constitution d'Honorius adoucit un peu toutes ces peines. La femme ne fut plus envoyée en exil que quand elle avait divorcé sans cause. Mais le divorce avait-il lieu sans motif, ou bien pour un motif peu sérieux, la femme perdait sa dot et les donations qui lui avaient été faites. De même, le mari qui divorçait sans cause, rendait la dot et perdait les donations.

D'après la constitution de Théodose insérée au Code (l. 8), la femme qui divorçait en dehors des cas énumérés, perdait sa dot et sa donation anténuptiale. Quant au mari, il perdait également la donation anténuptiale et rendait la dot à sa femme. Si les époux divorcés avaient des fils ou des filles, tout le bénéfice que le divorce faisait acquérir à l'époux non coupable devait être par lui conservé jusqu'à sa mort, pour appartenir ensuite à ses enfants. Ainsi, le père avait-il divorcé sans cause, c'était la mère qui conservait la donation anté-nuptiale. La femme était-elle en faute, c'était le père qui conservait la dot pour la remettre à sa mort à ses enfants.

Justinien abolit les *retentiones* qui se faisaient sur la dot, comme étant désormais inutiles. En effet, les constitutions au lieu de donner à l'époux la *retentio propter mores*, venaient d'une autre manière à son secours. Le *judicium de moribus* qui était tombé en désuétude, fut aussi aboli d'une manière absolue. (C. V. 17, 11 § 2.) Les peines infligées à l'époux coupable par les constitutions impériales suffisaient. Quant à la retention *propter liberos*, Justinien l'abolit, parce que l'affec-tion des parents est un aiguillon naturel qui les pousse à prendre soin de l'éducation de leurs enfants. (C. V. 13, § 5.)

La constitution de Théodose et Valentinien n'avait pas prévu le cas de divorce d'un mariage contracté sans dot. Aussi, dans ce cas , les époux ne subissaient-ils aucune peine pécuniaire. Justinien combla cette lacune en décidant (C. V. 17, 11, § 1. — Nov. XXII, cap. 18) que l'époux qui aurait été répudié injustement, ou dont le divorce aurait été occasionné par la faute de son conjoint, aurait le droit de prendre le quart de la fortune de l'époux coupable, si elle ne dépassait pas quatre cents livres d'or, ou seulement cent livres si la fortune était supérieure à quatre cents. Cette somme devait être conservée par l'époux qui la recevait pour ses enfants, ainsi que cela avait lieu pour la dot ou la donation anténuptiale.

La novelle XXII ne changea rien aux peines pécuniaires qui existaient déjà. La femme coupable perdait, comme auparavant, sa dot et la donation anténuptiale ; le mari était également obligé de rendre la dot et perdait la donation. Si les deux époux étaient en faute, il s'opérait une sorte de compensation et aucun d'eux ne pouvait invoquer le bénéfice du divorce. De même, le mari qui avait prostitué sa femme devait rendre la dot, sans pouvoir la retenir à raison de l'adultère commis par elle.

La novelle CXVII apporta plusieurs modifications aux dispositions relatives aux biens des époux divorcés, que nous venons de voir.

Ainsi, lorsqu'une femme non dotée était répudiée sans cause, ou divorçait par la faute du mari, cette novelle décida (Ch. 5) qu'elle aurait le droit de prendre le quart des biens de son époux s'il n'y avait pas plus de trois enfants nés de ce mariage ou d'un mariage précédent. Mais que s'il y avait plus de trois enfants, elle ne prendrait qu'une part d'enfant, en usufruit seulement. S'il n'existait pas d'enfants, elle prenait un quart des biens en toute propriété. Quant au mari, que la novelle XXII avait assimilé à la femme, il lui fut défendu de rien prendre sur les biens de celle-ci, quand même elle aurait été la cause du divorce.

Si le mari divorce pour un juste motif, il acquiert la dot de sa femme en pleine propriété, s'il n'y a point d'enfants, en usufruit seulement dans le cas contraire.

La femme qui divorce avec juste cause reprend sa dot, et acquiert la donation *propter nuptias* en usufruit ou en pleine propriété, suivant qu'il y a ou non des enfants.

Dans le cas d'adultère de la femme, le mari gagne la dot et la donation en pleine propriété s'il n'y a pas d'enfants. Il prend, en outre, sur les autres biens de la femme, une valeur égale au tiers de sa dot. S'il y a des enfants, le mari ne jouit que de l'usufruit de tout ce qu'il a ainsi reçu.

Si le mari accuse faussement sa femme d'adultère, et que celle-ci le répudie ensuite, elle a le droit de reprendre sa dot, la donation anténuptiale, et, sur les biens du mari, une valeur égale au tiers de cette donation. S'il y a des enfants, elle n'a que l'usufruit de ce qu'elle a ainsi gagné, c'est-à-dire de la donation et des autres biens venus du mari.

Il en est de même si le divorce a eu lieu parce que le mari a entretenu une femme étrangère dans le domicile conjugal, ou a eu des relations suivies dans la même ville, mais en dehors de sa maison, avec une femme étrangère.

Si les époux ont divorcé *bonâ gratiâ* pour vivre dans la chasteté et que tous deux ou l'un d'eux se remarie ou bien vive *luxuriosè*, la dot et la donation devront être remises aux enfants nés du mariage, ainsi que les autres biens que possède l'époux coupable. S'il n'y a pas d'enfants nés du mariage, c'est le fisc qui profite de ces biens.

La femme qui divorce en dehors des causes énumérées dans la novelle CXVII, est renfermée dans un monastère ; sa dot est remise au mari pour la conserver aux enfants communs. S'il n'y a pas d'enfants le mari la garde pour lui. Quant au reste de ses biens, les deux tiers sont donnés à ses enfants, l'autre tiers au monastère où elle est renfermée. Si n'ayant point d'enfants elle laisse des ascendants, un tiers des biens leur appartient ; le reste devient la propriété du monastère, à moins cependant que les ascendants sous la puissance desquels se trouvait la femme, aient envoyé le *repudium* sans motif. Dans ce cas le monastère seul prenait toute la fortune de la femme. Il en est de même lorsque la femme ne laisse ni enfants, ni ascendants.

Le mari qui divorce sans cause est également soumis à ces peines ; il rend la dot et perd la donation anténuptiale, ainsi qu'une valeur prise sur ses biens, égale au tiers de cette donation. La femme en a la propriété, ou l'usufruit seulement s'il y a des enfants.

La novelle CXXXIV (ch. II), décida que les époux qui auraient divorcé sans cause, seraient, mari ou femme, enfermés pour le reste de leur vie dans un monastère ; en cas d'existence d'enfants nés du mariage ou d'un mariage précédent, les huit douzièmes de la fortune des époux étaient donnés aux enfants, les quatre autres au monastère. S'il n'y avait point d'enfants, mais des ascendants qui n'avaient point consenti au divorce, un tiers des biens était donné à ceux-ci, le reste au monastère. Enfin, s'il n'existait ni ascendants, ni descendants, ou bien si les ascendants avaient consenti à ce divorce injuste, tous les biens devenaient la propriété du monastère.

L'action *rerum amotarum* était donnée après le divorce, à l'époux qui avait à se plaindre de détournements commis à son préjudice par son conjoint pendant le mariage. Cette décision n'avait cependant pas été admise sans contestation. Quelques jurisconsultes, parmi lesquels Nerva et Cassius, soutenaient qu'il n'existait pas de vol entre époux, parce que la communauté d'existence du mari et de la femme les rendait en quelque sorte copropriétaires des biens l'un de l'autre. Sabinus et Proculus prétendaient au contraire qu'il y avait vol, de même que lorsqu'un enfant dérobe quelque chose à son père, mais que l'on ne devait pas, par respect pour le mariage, permettre d'intenter contre son conjoint une action honteuse. « *Nam in honorem matrimonii,* dit Gaius, *turpis actio adversus uxorem negatur.* »

L'action *rerum amotarum* n'avait lieu que dans le cas de mariage. Ainsi le mariage était-il nul, il n'y avait pas lieu à cette action. Ulpien la refuse au tuteur qui a épousé sa pupille, à celui qui s'est marié contre les lois, parce que dans ces différents cas le mariage est nul. Il n'était pas du reste nécessaire que les époux habitassent ensemble : ainsi l'action pouvait être intentée contre la femme qui avait enlevé des objets de la maison de son mari, quoiqu'elle demeurât ailleurs. On la donnait aussi contre la femme qui, à l'époque du divorce, avait introduit des voleurs dans la maison conjugale, et leur avait fait enlever certaines choses, sans contribuer cependant physiquement à la soustraction.

Les donations entre époux étaient prohibées à Rome. On avait craint que les époux se laissassent entraîner l'un par l'autre à des libéralités excessives, et que, par la menace du divorce, un époux n'arrachât une donation à son conjoint. *« Sextus Cœcilius et illam causam adjiciebat : quia sœpè futurum esset, ut discuterentur matrimonia, si non donaret is, qui posset : atque eâ ratione eventurum ut venalicia essent matrimonia. »*

On admit cependant quelques exceptions à cette règle ; l'une de ces exceptions avait lieu lorsque la donation était faite *divortii causâ*. La donation se rapportant à une époque où le mariage n'existerait plus, il n'y avait à craindre aucun des inconvénients qui avaient fait proscrire les donations entre époux. Mais il fallait que la libéralité fût faite au moment du divorce et non dans la prévision d'un divorce futur. Si le divorce n'avait pas eu lieu dans les formes voulues, les donations qui l'avaient accompagné étaient nulles, puisque le mariage n'avait pas cesser d'exister.

Si le mari avait fait une donation à sa femme divorcée afin de l'épouser de nouveau, qu'il l'eût en effet épousée et que le mariage eût été ensuite dissous par l'envoi du *repudium*, la donation était valable pourvu que le divorce n'eût pas été simulé.

Antonin Caracalla, du vivant de son père Septime Sévère, apporta une modification importante à la rigueur du droit en cette matière. Il fit rendre un sénatusconsulte en vertu

duquel les donations entre époux étaient valables, mais révocables.

Le divorce n'était pas sans influence sur ces donations;
car il impliquait de la part du donateur l'intention de révoquer la libéralité faite par lui à son conjoint.

Mais si, après le divorce, les parties se réunissaient une seconde fois, ce fait était considéré comme une marque de réconciliation, et la donation faite avant le divorce, était con-
firmée lorsque le donateur mourait pendant le mariage.

§ 3. *Effets du divorce relatifs aux enfants.* — Nous n'avons
plus qu'à examiner quels effets produisait le divorce à l'é-
gard des enfants nés du mariage. Nous avons vu que plusieurs dispositions avaient été successivement prises pour
que les gains du divorce fussent conservés par l'époux qui les
avait obtenus, et par lui remis à sa mort à ses enfants. Nous
avons vu également que dans plusieurs cas les enfants étaient
mis immédiatement en possession d'une partie des biens de
leur père ou de leur mère lorsque par suite d'un divorce
injuste le père ou la mère était condamné à vivre jusqu'à sa
mort dans un monastère.

Mais qui prenait soin des enfants? Qui du père et de la
mère, était chargé de leur garde?

Il est certain que dans l'ancien droit avec le principe rigoureux de la puissance paternelle, le père seul avait le
droit, à l'exclusion de la mère, de conserver la garde de ses
enfants, que ce fût par sa faute ou non que le divorce fût
arrivé. La dissolution du mariage n'emportait point, en effet,
l'extinction de la puissance paternelle, et on n'avait point
encore puni le père qui divorçait injustement par la privation
de ses droits sur ses enfants.

Mais peu à peu la rigueur de la puissance paternelle s'a-
doucit. On en vint à laisser à la mère la garde et le soin d'é-
lever ses enfants. On lui accorda même une exception pour
s'opposer à la demande du père qui voudrait les reprendre.
(D., 43, 30, 1, § 3.) Mais la puissance paternelle n'en res-

tait pas moins intacte. C'est ce que nous lisons dans la loi 3, § 5, du même titre : « *Obtinuit enim mater, ob nequitiam patris, ut sine deminutione patriæ potestatis, apud eam filius moretur.* »

Une constitution de Dioclétien rendue en 294 décida que, sans tenir compte du sexe des enfants, le juge aurait le pouvoir d'attribuer après le divorce, la garde et l'éducation des enfants à celui du père ou de la mère qu'il jugerait le plus digne d'être chargé de ce soin. (C. V., 24.)

Justinien, dans la novelle CXVII, (ch. 7), apporta quelques changements à cette constitution. Les enfants ne doivent pas souffrir du divorce de leurs parents; ils conservent donc leurs droits à leur succession, et doivent être nourris aux frais du père.

Si la cause du divorce provient du père, et que la mère ne contracte pas de second mariage, les enfants restent avec elle et sont élevés aux frais du père.

Si le divorce a lieu par la faute de la mère, les enfants restent alors avec le père, et sont élevés par lui. Mais s'il arrive que le père soit pauvre et que la mère soit riche, les enfants iront avec elle, et seront élevés à ses frais. Car si la mère était pauvre elle serait nourrie par ses enfants; il est donc juste que quand elle est riche, elle les nourrisse elle-même lorsqu'ils sont pauvres. Il en est ainsi non-seulement des enfants, mais aussi de tous les descendants vis-à-vis de leurs ascendants.

Lorsque les époux s'étaient séparés pour vivre dans la chasteté, et que l'un d'eux manquait à sa promesse, l'autre époux devait garder et nourrir les enfants nés du mariage, car l'époux coupable était enfermé dans un monastère. Mais si l'un et l'autre étaient en faute, le juge nommait alors une personne chargée d'administrer les biens qui provenaient aux enfants de leurs parents, et décidait ce qu'il y avait de mieux à faire relativement à la garde et à l'éducation des enfants.

Telle était à Rome l'institution du divorce fondée sur ce que le mariage n'est qu'un contrat civil qui, se formant par le seul consentement des parties, doit pouvoir se rompre de même.

Nous avons vu comment après plusieurs siècles pendant lesquels le divorce avait été pour ainsi dire inusité, la corruption des mœurs avait fait un fléau et un moyen de satisfaire ses passions, de cette institution bonne en elle-même, puisqu'elle a pour objet de séparer deux êtres qui, d'abord engagés dans une société dont l'affection et la confiance réciproques sont la base, ne peuvent plus vivre ensemble, alors que cette affection et cette confiance ont disparu. Tel semble devoir être le sort des institutions des hommes quand ils ne savent pas user avec modération de la liberté que leur donne la loi et que leur conduite n'est dirigée que par leurs passions ou leur intérêt privé.

Régler l'emploi du divorce, ne plus en laisser abuser au point de faire tomber le mariage dans le discrédit le plus profond, telle avait été la préoccupation des empereurs. Mais le mal trop invétéré ne pouvait être guéri du premier coup. Bien des concessions durent être faites à l'état actuel des mœurs et aux habitudes qui régnaient depuis si longtemps. Le Christianisme n'était pas encore assez puissant pour changer entièrement les mœurs, et les premiers empereurs chrétiens n'osèrent pas proscrire une institution que la nouvelle religion ne reconnaissait pas.

Justinien avait cherché aussi lui à faire rentrer le divorce dans de sages limites. Les causes pour lesquelles il le permettait justifiaient suffisamment la dissolution du mariage. La violation de la foi conjugale, la conduite de la femme contraire au droit de l'autorité maritale, l'attentat de l'un des époux à la vie de l'autre, le désir de vivre dans un monastère et l'impuissance qui ne se peuvent concilier avec les obligations du mariage, sont en effet des motifs assez graves pour faire cesser une vie commune qui n'est plus possible.

Quant aux formes du divorce, sans être rigoureuses, elles exigeaient cependant une certaine solennité qui pouvait faire revenir sur sa décision l'époux qui, cédant à un premier mouvement d'irritation ou de ressentiment, voulait répudier son conjoint.

Enfin les peines fort rigoureuses qui frappaient dans leurs personnes et dans leurs biens, ceux qui divorçaient sans juste cause ou dont la faute entraînait le divorce, étaient une garantie que le mariage serait respecté et qu'on n'userait point avec trop d'empressement de ce mode de dissolution.

Tel était l'état du droit relativement au divorce au moment où les Francs fondaient un empire qui était destiné à prendre la place de la nation dont les lois avaient régi le monde entier pendant si longtemps, et qui, au milieu de la ruine qui frappait l'empire romain et tous les autres peuples, offrit le spectacle singulier d'une prospérité toujours croissante.

Nous verrons en étudiant l'origine de la séparation de corps ce que devint le divorce, et comment l'Eglise catholique qui prenait de jour en jour plus d'extension, finit par faire repousser le divorce qui était contraire aux principes de sa religion sur le mariage.

DROIT FRANÇAIS

DE LA SÉPARATION DE CORPS

PREMIÈRE PARTIE.

HISTORIQUE.

L'origine de la séparation de corps n'est point romaine. Nous avons vu, en effet, qu'à Rome le divorce était en grande faveur; et il n'est pas à supposer qu'un peuple qui ne reconnaissait pas le mariage comme indissoluble pùt créer une institution qui, tout en affranchissant les époux de l'obligation d'une vie commune, laisse cependant intacts les liens du mariage. Du moment qu'on admet la dissolubilité du mariage, on ne saurait songer à une institution qui est fondée sur le principe contraire.

Ce n'est point non plus chez les Gaulois qu'il faut chercher l'origine de la séparation. César ne nous dit pas, il est vrai, que la répudiation existait chez eux. Mais il est permis de conclure qu'il en devait être ainsi, d'après le pouvoir absolu que le mari possédait sur sa femme. Nous ne trouvons point dans l'histoire de la Gaule de renseignements sur le mariage des Gaulois. Mais nous pouvons nous tourner vers un peuple qui, comme les Gaulois, descendait de la même famille des Kimris, et qui habita le pays de Galles. Il est à supposer que l'origine, les mœurs de ces deux peuples étant les mêmes, une législation à peu près identique dut régner dans les deux pays. Or, dans les lois du pays de Galles, nous voyons qu'au x⁰ siècle le divorce régnait encore. Le mari pouvait même répudier sa femme sans motifs ; si la femme n'avait commis aucune faute, elle ne perdait pas ses biens. Elle avait aussi elle le droit de divorcer, mais dans trois cas seulement. Ainsi le mariage n'était pas considéré comme indissoluble ; par suite ce n'est pas dans le droit celtique que la séparation de corps aurait pu prendre naissance.

Serait-ce dans les institutions des Germains ? Tacite nous vante la pureté de leurs mœurs. « En Germanie, dit-il, les jeunes filles ne prennent qu'un époux, de même qu'elles n'ont qu'un seul corps et une seule vie ; l'époux auquel elles s'unissent est l'unique but de leurs pensées et de leurs désirs, et c'est plutôt le mariage que le mari qu'elles aiment en lui. » Il semble bien résulter de ce passage que la femme n'avait pas le droit de divorcer. Mais dans un autre passage, Tacite dit que le mari pouvait répudier sa femme quand elle s'était rendue coupable d'adultère. Il devait sans doute exister d'autres cas où le mari pouvait le faire aussi ; mais ces cas ne nous sont pas connus. Quant à la femme, si elle ne pouvait répudier son mari, cela venait de son état de dépendance, du *mundium* que le mari avait sur elle. Plus tard cependant ce droit lui fut accordé, quand les mœurs de Rome eurent modifié celles de la Germanie.

Chez tous les autres barbares nous voyons également le principe de la dissolubilité du mariage exister. Le divorce était admis chez les Bavarois, les Allemands, les Lombards, les Visigoths, les Bourguignons. Les lois de ces peuples qui nous sont parvenues, nous indiquent les cas dans le quels la répudiation était permise.

Le divorce existait aussi chez les Francs. Les lois salique et ripuaire, du moins dans leur première rédaction, ne parlent point, il est vrai, de divorce ni de répudiation ; mais une formule de Marculfe nous prouve que les Francs pratiquaient le divorce par consentement mutuel et pour causes déterminées. Ces causes étaient la stérilité de la femme, l'impuissance ou l'absence du mari. Il suffit du reste d'ouvrir l'histoire, pour apprendre que la répudiation était en usage sous les premiers rois francs. Caribert, Chilpéric, Dagobert répudièrent plusieurs fois leurs femmes pour satisfaire de nouvelles passions.

Ainsi donc, soit chez les Gaulois, soit chez les Germains, soit chez les Francs, soit chez les autres barbares, le mariage n'était point indissoluble, et par suite la séparation de corps leur fut inconnue.

L'origine de la séparation de corps est incontestablement chrétienne. L'église catholique, dès les premiers jours, prêcha l'indissolubilité du mariage.

Nous lisons, en effet, dans saint Mathieu (ch. xix), qu'un jour les Pharisiens s'approchèrent de Jésus pour le surprendre, et lui posèrent cette question : « Maître, est-il permis à l'homme de renvoyer sa femme pour quelque cause que ce soit ? » — « N'avez-vous pas lu, répondit Jésus, que Dieu au commencement créa l'homme et la femme, et dit ensuite : « L'homme laissera son père et sa mère pour s'attacher à son épouse ; et ils seront tous deux dans une même chair ? » Ainsi ils ne sont plus deux, mais une même chair. L'homme ne doit donc pas séparer ce que Dieu a uni. » — Les Pharisiens insistèrent et dirent : « Pourquoi donc Moïse a-t-il permis de remettre à sa femme le libelle du divorce, et de la répudier ? » — « C'est à cause de la dureté de vos cœurs, répondit Jésus-Christ ; mais il n'en a pas été ainsi dans le commencement. »

Voilà bien le mariage proclamé indissoluble. Le divorce n'existait donc point dans l'origine chez les Hébreux. S'il fut permis plus tard, ce n'est pas en vertu d'une loi de Dieu, mais bien par Moïse, c'est-à-dire en vertu d'une loi humaine ; et il ne fut autorisé, d'après saint Jean Chrysostome, que pour empêcher un mal plus grand, et arrêter la haine qui pourrait pousser à l'homicide.

« *Omnis qui dimittit uxorem suam*, dit saint Luc, *et alteram ducit, mœchatur, et qui dimissam a viro ducit, mœchatur.* »

Tous les pères de l'Église sont unanimes pour reconnaître que les deux époux ne font plus qu'une seule personne, et que le mariage ne peut point être rompu autrement que par la mort de l'un d'eux.

« Que la femme séparée de son mari, dit saint Paul, se réconcilie avec lui, ou du moins n'en épouse point un autre. » De son côté saint Augustin s'exprime ainsi : « Il vous est défendu d'avoir des épouses dont les maris sont vivants, et à vous femmes, il vous est défendu d'avoir des maris dont les premières femmes vivent encore. Aux yeux de la loi non pas humaine mais divine, ces mariages sont des adultères. Il n'est point permis d'épouser du vivant de son mari une femme répudiée. L'adultère est la seule cause pour laquelle un homme puisse renvoyer sa femme, et tant qu'elle vit, il ne peut en épouser une autre. »

Ainsi dans ce passage nous trouvons deux choses : le principe de l'indissolubilité du mariage, l'idée de la séparation de corps. Le mari peut bien renvoyer sa femme, mais il reste toujours engagé dans les liens de son mariage, et il n'en peut point contracter un second.

Il s'est élevé une autre opinion sur le point de savoir si, en cas d'adultère de sa femme, le mari, en la renvoyant, pouvait rompre son mariage. L'opinion qui admet que le mariage était dissous dans ce cas, s'appuie sur un texte de saint Mathieu : « *Ego autem dico vobis quia omnis qui dimiserit uxorem suam, exceptâ fornicationis causâ, facit eam mœchari, et qui dimissam duxerit, adulterat.* »

Par ce mot *dimittere*, Jésus-Christ entend-il permettre à

l'homme dans ce cas exceptionnel de faire un véritable divorce, ou bien de relâcher seulement les liens du mariage, en ne donnant aux époux que la faculté de vivre séparément ?

D'après Pothier, cette question a fait difficulté dans les premiers siècles, et elle parut si difficile au premier Concile d'Arles, tenu en 314, qu'elle fut ajournée sans qu'on osât la résoudre. Cependant le Concile conseillait la continence aux maris qui avaient renvoyé leurs femmes pour cause d'adultère.

L'opinion de saint Augustin sur l'indissolubilité du mariage fut plus tard consacrée par les Conciles d'Afrique, de Frioul et de Nantes tenus sous Charlemagne, de Tribur (895), de Trosli (909), dè Trente.

D'autres pères de l'Église qui vivaient dans le même siècle que saint Augustin autorisaient la séparation de corps pour d'autres motifs que l'adultère, pour des crimes, des injures graves, de mauvais traitements.

Les Canons de l'Église privaient de la communion celui qui, après avoir renvoyé sa femme en épousait une autre. Aussi les premiers chrétiens n'eurent jamais recours au divorce. Si la mésintelligence se glissait entre deux époux, ils allaient trouver leur évêque qui s'efforçait de les réconcilier. Ce n'est que quand ses efforts étaient inutiles qu'il prononçait la séparation de corps.

Les papes cherchaient à faire partout triompher le principe de l'indissolubilité du mariage, et à mettre ainsi un terme aux honteux abus du divorce.

Innocent Ier (404) consulté par saint Exupère, évêque de Toulouse, lui répondit : « Il est manifeste que les époux qui, séparés par le divorce, se remarient, sont adultères. » L'Église se servait bien encore du mot divorce, mais pour elle, ce n'était point la dissolution du mariage ; elle n'entendait par là que la séparation de corps.

Le Concile d'Angers, en 453, privait de la communion tous

ceux qui sous le voile du mariage, auraient commerce avec des femmes dont les maris étaient encore vivants Le Concile de Vannes, de 465, portait la même peine contre celui qui se remariait après avoir quitté sa femme.

L'église en envoyant ses apôtres dans tous les pays pour y répandre sa doctrine, faisait prêcher l'indissolubilité du mariage. C'est ainsi que ces principes avaient pris racine en Gaule. Quand les Francs se convertirent au catholicisme et reçurent le baptême, on leur enseigna en même temps que le divorce n'était point admis dans leur nouvelle religion. Mais ils n'abandonnèrent pas immédiatement l'institution du divorce que la décadence de Rome avait tant contribué à propager dans la Gaule. Leurs mœurs d'ailleurs résistèrent longtemps à une religion plus austère que celle qu'ils venaient d'abandonner, et ils durent violer souvent les devoirs qu'elle leur insposait.

Aussi ne devons-nous pas nous étonner de trouver dans Marculfe, qui vivait au septième siècle, une formule de divorce. Marculfe écrivait au point de vue du droit civil dont le fond se composait principalement de coutumes germaniques, jointes à quelques règles du droit romain. Peut-être pourrait-on supposer que cette formule se rapporte à une époque où une partie de la nation franque n'était pas encore convertie ; car entre chrétiens elle ne pouvait valoir, puisqu'elle était contraire aux lois de l'Église. Mais c'est qu'avant de changer la loi civile, l'Église devait s'efforcer de changer les mœurs pour leur imposer de nouvelles règles que sans cela les Francs n'auraient pu suivre.

Ce n'est guère que sous les Carlovingiens que la loi de l'Église commence à devenir la loi de l'État, et que le divorce fut prohibé pour faire place à la séparation de corps.

La puissance de l'Église avait crû avec sa richesse. Le clergé devint une partie importante de l'État et ses dignitaires, de même que les seigneurs, prenaient part aux assemblées nationales. Aussi les voyons-nous figurer en grand nombre aux Champs-de-Mars des Mérovingiens et aux Champs-de-Mai des Carlovingiens. Le clergé profita naturellement de sa haute position et de l'influence qu'il acquérait de jour en jour pour faire pénétrer dans la législation ses idées et ses principes, et pour faire triompher la loi de l'Église sur la loi civile.

La rupture du mariage par le divorce ne fut permise que dans des cas exceptionnels. Ainsi, le mari qui était obligé de suivre son chef et que sa femme refusait de suivre, pouvait se remarier. Mais il n'était point permis à la femme ainsi abandonnée de contracter un nouveau mariage.

En 744, Pépin le Bref promulgua dans un capitulaire, la décision suivante du Concile de Soissons : « Qu'aucun laïque n'épouse une femme du vivant de son mari, et qu'aucune femme n'épouse un autre mari du vivant de son premier. »

En 752 il sanctionna les dispositions du Concile de Verberie, qui admettaient comme cause de séparation de corps, la complicité de la femme dans un complot contre la vie de son mari, et qui déclaraient que le mariage des esclaves était indissoluble comme celui des hommes libres.

Les formules de ce temps ne permettent plus aux époux divorcés de se remarier, et celles du contrat de mariage reproduisent les paroles de l'Evangile : « *Quod Deus conjunxit, homo non separet.* » La connaissance des demandes en séparation était attribuée à la juridiction ecclésiastique des Conciles provinciaux, d'après les dispositions du Concile d'Agde, qui défendaient aux époux de se séparer sans l'assentiment des évêques.

Charlemagne, en 779, renouvela cette défense, et recommanda aux tribunaux ecclésiastiques d'apporter tous leurs soins aux causes matrimoniales. Le divorce fut proscrit, et le capitulaire d'Aix-la-Chapelle (789) adoptant une décision du Concile de Milève, défendit à l'époux séparé dont le conjoint vivait encore, de contracter un second mariage.

Il fit plus : il déclara coupables et flétris d'adultère ceux qui, malgré cette défense, se remariaient, et ordonna qu'ils fussent enfermés dans un couvent et soumis à certaines pénitences.

Nous voici donc arrivés à une époque où le principe de l'indissolubilité du mariage, prêché depuis plusieurs siècles par l'Eglise, est enfin reconnu et consacré par la loi civile.

Après Charlemagne, ses successeurs s'efforcèrent encore avec l'aide de l'Eglise, de déraciner les dernières tendances au divorce qui pouvaient encore exister. Le deuxième Concile de Châlons (813) défendit de simuler des causes de séparation, et Louis le Débonnaire, dans un capitulaire additionnel, rappela les Canons de l'Eglise sur cette matière. Dans le capitulaire de Worms (829) il condamna le mari qui, après avoir renvoyé sa femme, en épousait une autre, à déposer les armes et à faire une pénitence publique.

Hincmar, archevêque de Reims, qui a écrit sur le divorce de Lothaire et de Theutberge, déclare formellement que le mari ne peut renvoyer sa femme que pour cause de fornication, et que s'il la renvoie, il ne peut, tant qu'elle est en vie, en épouser une autre. Lothaire, voulant rompre son mariage avec Theutberge, prétendait que sa femme s'était rendue coupable d'inceste avant son mariage. Cela prouve bien que le divorce n'était point permis. Le pape Nicolas Ier maintint avec fermeté le principe de l'indissolubilité du mariage, malgré les prétentions de Lothaire.

Sous les rois de la troisième race, les papes continuèrent l'œuvre qu'ils avaient entreprise. Mais plus d'une fois ils furent obligés de sévir et de frapper d'excommunication les rois eux-mêmes dont les passions se révoltaient souvent contre les règles austères que l'Eglise voulait leur imposer.

Ainsi, Philippe Ier, après avoir sous un vain prétexte répudié la reine Berthe, épousa Bertrade, femme du duc d'Anjou qu'il avait enlevée. Les menaces du pape Urbain II qui voulait le forcer à reprendre sa première femme, n'ayant produit aucun effet sur lui, il fut excommunié. Pendant dix, années il ne tint aucun compte de cette excommunication. Il céda cependant et reprit sa première femme ; mais trois ans après il l'abandonna de nouveau et fut frappé encore d'excommunication.

De même Philippe-Auguste encourut aussi lui les censures de Rome. Après avoir fait casser son mariage avec Ingeburge, par un Concile d'évêques, il épousa aussitôt Agnès de Méranie. Innocent III instruit de l'affaire, ordonna au roi de reprendre sa première femme, et sur son refus, lança l'interdit sur son royaume. Devant cette mesure de rigueur, et le mécontentement universel qu'elle souleva, et qui menaçait sa couronne, Philippe-Auguste dut se soumettre et fut obligé de reprendre sa première femme.

Ainsi donc, le mariage qui, à l'origine, n'était qu'un contrat purement civil, dissoluble au gré des parties, était devenu peu à peu, sous l'influence du christianisme, et grâce à la fermeté de la papauté, une institution purement chrétienne. Le divorce avait été abandonné ; la séparation de corps, qui laissait subsister les liens du mariage, avait fini par l'emporter. Et encore ne pouvait-elle avoir lieu que pour des motifs graves dont l'évêque était le juge. Les époux qui se séparaient sans avoir fait approuver leur séparation par l'évêque, étaient frappés d'excommunication.

Nous voyons dans quelques capitulaires, que la femme qui prouvait l'impuissance de son mari, était autorisée à le quitter pour en épouser un autre. Ce n'était point un divorce aux yeux de l'Eglise, mais seulement un cas de nullité. Le mariage était considéré comme ne s'étant pas formé. Mais tout mariage consommé ne pouvait se rompre que par la mort de l'un des époux.

Les lois civiles avaient admis le divorce dans le cas où l'un des époux voulait se retirer pour vivre dans la religion. L'Eglise n'autorisa même pas le divorce dans ce cas ; l'opinion contraire fut cependant soutenue. Car, disait-on, si l'Evangile recommande de ne pas séparer ce que Dieu à uni, cela ne peut s'appliquer au cas où l'un des époux se consacre à Dieu, puisqu'ici c'est Dieu même qui sépare ce qu'il a uni.

Les époux ne pouvaient même pas se séparer pour entrer en religion ou vivre en continence, si chacun n'y donnait son consentement. Il ne suffit pas que l'une des parties ait, pour embrasser la vie religieuse, la permission de l'autre partie ; il faut que celle-ci l'embrasse pareillement : « *Quia,* dit le pape saint Grégoire, *postquam copulatione conjugii viri atque mulieris, unum corpus efficitur, non potest ex parte converti et ex parte in sœculo remanere.* »

Deux exceptions cependant furent admises : l'homme eut le droit de se faire religieux lorsque sa femme, d'un âge avancé et d'une vie édifiante, faisait publiquement vœu de chasteté ; ou lorsqu'un jugement contradictoire avait condamné la femme pour adultère, à être enfermée dans un couvent. Le mari trompé pouvait alors, sans le consentement de sa femme, entrer dans un monastère ; car la femme avait perdu le droit de demander le *debitum matrimoniale.*

Les décrétales et le Concile de Trente introduisirent une modification dans la matière, et distinguèrent le *matrimonium ratum non consommatum* du *matrimonium consommatum.* Il y a *matrimonium non consommatum* lorsque le commerce charnel entre les époux n'a pas encore eu lieu. Dans ce cas, en embrassant la vie religieuse, l'un des époux, sans le consentement de l'autre, dissolvait le mariage. Dans le cas contraire, les principes qui existaient avant les décrétales consacrées par le Concile de Trente, restaient en vigueur.

Au treizième siècle, l'Eglise a donc fini par triompher ; c'est elle qui règle les questions relatives au mariage. Dans les ouvrages des jurisconsultes du treizième siècle, nous en trouvons l'indice.

Les *Établissements de saint Louis* (1260), qui n'émanent point du roi, mais d'un légiste inconnu, ne parlent pas directement de la séparation de corps ni du divorce. Il en résulte cependant que, pour demander la séparation , la femme n'avait pas besoin d'être autorisée de son mari, parce qu'en cour d'Eglise, elle pouvait toujours comparaître seule, soit comme demanderesse, soit comme défenderesse. Il s'en suit donc que c'était l'Eglise qui prononçait les séparations.

Les *Assises de Jérusalem* disent : « La loi et l'assise commande et dit que, puisque l'ome et la feme se sont prins par mariage, ils ne se peuvent partir par aucun jour de leur vie, si ce n'est que par la mort ou non. » « Nulle cour ne se doit entremettre du fait de mariage, sinon sainte Eglise. » Ainsi, l'influence du droit canonique est ici bien manifeste. Cependant le divorce est admis dans quelques occasions très-rares, du reste. Ainsi quand la femme devient lépreuse, épileptique, ou atteinte de quelque autre maladie contagieuse, le mari pouvait la faire enfermer pendant un certain temps dans une maison particulière avec trois autres « bounes femes » chargées de vérifier l'état de la femme. Cette vérification faite, la femme entrait dans un couvent et son conjoint pouvait se remarier. Pareille chose avait lieu quand les causes de la séparation provenaient du mari. Le divorce pouvait donc avoir lieu , mais les cas où il était admis étaient tellement exceptionnels qu'on ne peut pas dire qu'il fût encore maintenu.

Beaumanoir, dans ses *Coutumes de Beauvoisis*, consacre à la séparation de corps un chapitre qu'il intitule : « Des mautalents entre époux. » D'après lui, la séparation ne dissout point le mariage. C'est à l'Eglise seule de juger toutes les questions qui y sont relatives, ainsi que celles qui concernent le mariage. La séparation pouvait avoir lieu pour adultère de la femme, sévices, débauche, maladie contagieuse, entrée en religion, refus de nourrir sa femme , absence du mari pendant sept ans. « Mais, dit-il, pour les périls qui en adviennent, ce fut oté et défendu par sainte Eglise que nulle femme mariée, quel que soit le temps que son mari soit absent, ne se puisse remarier si elle ne sait nouvelle certaine de sa mort. » D'ailleurs, l'Eglise doit examiner au moyen d'une enquête si la demande est fondée, « car ce serait mauvaise et périlleuse chose pour les âmes et pour les héritiers que l'on déserrât les mariages à chaque mautalent qui sont entre époux. »

La juridiction de l'Eglise, dès le douzième siècle, était fort étendue. Aussi les évêques ne pouvant plus juger eux-mêmes toutes les causes qui leur étaient soumises, avaient pris le parti de se faire remplacer par des personnages appelés *officiaux*. Mais ces officiaux ne connurent pas d'abord de toutes les causes majeures qui étaient portées devant les tribunaux ecclésiastiques. De ce nombre furent le mariage et la séparation, dont les évêques purent seuls connaître dans le principe.

Au XIVe siècle, les juges ecclésiastiques décidaient les questions de séparation. Charles V ordonna aux juges laïques de renvoyer aux juges ecclésiastiques les causes de cette nature. Quant aux questions pécuniaires qui se rattachaient à celles de la séparation, quelquefois les juges ecclésiastiques pouvaient en décider. Ainsi cela avait lieu pour les questions d'aliment ou bien pour la répétition de la dot ou de la donation quand elle se présentait incidemment. Mais quant à la séparation de biens, les juges laïques étaient seuls compétents. Ainsi on distinguait les questions purement pécuniaires de celles qui se rattachaient davantage au mariage. Cette distinction continua d'exister encore pendant plus de trois siècles; à ce moment les parlements finirent par conquérir la connaissance de toutes les questions du mariage, sinon en droit, au moins en fait, ainsi que nous le verrons plus loin.

Au XVe et au XVIe siècles, eut lieu la rédaction des coutumes; mais les règles établies en matière de mariage ne furent point modifiées. Les coutumes ne parlent point du divorce; par suite, l'indissolubilité du mariage est reconnue; mais la sé-

paration de corps y est l'objet de plusieurs dispositions. C'é-
tait toujours l'Eglise qui la prononçait ; mais quand l'Eglise
l'avait admise, on intentait alors une demande en séparation
de biens devant le juge laïque, pour dissoudre la communauté. Dans-les pays de droit écrit, la femme reprenait sa dot
après la séparation.

D'après la coutume de Tours, la femme adultère perd son
douaire; mais il faut pour cela que l'Eglise ait prononcé la
séparation. La coutume du Maine ajoute que si, après la
séparation prononcée « par jugement d'Église et par coulpe
de la femme », il y a réconciliation des deux époux, la
femme ne perd pas son douaire.

La coutume de Bretagne (art. 433, 434, 435) reproduit les
mêmes dispositions que celle du Maine.

Suivant la coutume de Normandie, la femme perd son
douaire lorsqu'elle abandonne son mari sans motif, ou se
rend coupable d'une faute entraînant la séparation. Si c'est
son inconduite qui lui fait quitter la maison conjugale, le
mari n'est pas tenu de la reprendre; mais, s'il la reprend,
elle a le droit de réclamer son douaire. La séparation de
corps n'emportait la séparation de biens que quand elle avait
été prononcée sur la demande de la femme. Quand elle avait
été prononcée sur la demande du mari, il n'était point forcé
de restituer la dot; il n'était obligé qu'à payer à sa femme
une pension alimentaire.

Toutes les coutumes s'accordaient pour conserver à la
femme son droit au douaire, quand la séparation avait lieu
par la faute du mari.

A l'époque où nous sommes arrivés, Luther, se séparant
de l'Église pour fonder une nouvelle religion, essayait de
renverser les institutions de l'Église catholique; c'est ainsi
qu'enlevant au mariage son caractère religieux, il ne voulut
plus en faire qu'un contrat civil, et, par suite, il rétablit le
divorce que l'Église avait combattu. Malgré toutes les
attaques dont elle était l'objet, l'Église parvint à faire main-

tenir le principe de l'indissolubilité. Mais dans le Concile de Trente (1545-1563), elle fut obligée, au milieu des attaques qui lui venaient de toutes parts, de modifier sa discipline et d'affirmer ses dogmes, en les établissant avec clarté. Sa doctrine, au sujet du mariage, fut établie d'une façon plus nette qu'auparavant. Les décisions du Concile de Trente ne furent point promulguées en France. Mais la plupart des Conciles provinciaux tenus à la fin du xvie siècle et au commencement du xviie reproduisirent les règles du Concile de Trente sur le mariage. Le divorce fut définitivement rejeté depuis ce moment.

L'Église réussit donc à faire complétement triompher sa doctrine sur l'indissolubilité. Mais, sur un autre point, elle succomba. Jusqu'au xviie siècle, elle avait été seule juge des séparations de corps. A cette époque, sa juridiction fut attaquée par les parlements qui, au moyen des *appels· comme d'abus*, essayaient d'attirer à eux toutes les causes ecclésiastiques. Comme ils étaient compétents pour juger les questions de séparation de biens, et que le plus souvent la séparation de biens suivait la séparation de corps, ils en concluaient qu'ils devaient être de même juges de cette dernière.

L'Église invoquait de son côté, à l'appui de ses prétentions, les dispositions du Concile d'Agde et une constitution du Pape Alexandre II, qui défendaient aux maris de quitter leurs femmes avant d'avoir soumis aux évêques les motifs de leur conduite.

Une ordonnance de Henri IV, en 1603, donna raison au clergé; mais les parlements ne se tinrent pas pour battus, et de jour en jour essayèrent davantage de conquérir ce qu'ils regardaient comme leur droit. Aussi Louis XIII fut-il, en 1639, obligé de défendre aux juges laïques de prendre connaissance des affaires de cette sorte, et Louis XIV en 1695 dut les rappeler à l'observation des règlements rendus par ses prédécesseurs sur la juridiction ecclésiastique.

Cependant, la question qui faisait l'objet des réclamations
réitérées des parlements, divisait également les jurisconsultes. Les uns voulaient attribuer la connaissance de la
séparation de corps aux juges ecclésiastiques et celle de la
séparation de biens aux juges laïques; les autres, au contraire, se prononçaient en faveur de la compétence unique
des juges laïques.

On trouva, enfin, un moyen terme pour tout concilier : la
séparation de corps se rattachant d'une manière toute
spéciale au mariage, fut attribuée à la juridiction ecclésiastique. Mais ce fut à la condition toutefois qu'aucun intérêt
temporel ne fût en jeu. L'Église parut ainsi avoir raison;
mais, au fond, ce furent les parlements qui l'emportèrent,
car il y a bien peu de cas où il ne s'agit que de la séparation
de corps. Presque toujours cette question se compliquait
d'intérêts pécuniaires ou même de poursuites criminelles.

En cour ecclésiastique comme en cour laïque, la procédure de séparation était soumise aux règles de l'ordonnance
de 1667.

L'affaire était instruite par voie civile et non par voie criminelle. C'est ce qui résulte de deux arrêts de 1636 et 1664
faisant défense aux lieutenants criminels de Tours et de Paris
de connaître de pareilles demandes. Une requête, contenant
l'exposé des faits, était présentée à l'official ou au juge du
domicile commun, qui permettait d'assigner. Si les faits
paraissaient assez graves, on rendait un jugement prépara-
toire qui ordonnait d'interroger les parties et permettait de
prouver, par témoins, les faits allégués, sauf au défendeur à
faire la preuve contraire. Les pièces étaient ensuite commu-
niquées, dans les officialités, au promoteur de l'évêché; en
cour laïque, au ministère public qui concluait à l'admission ou au rejet de la demande. Le jugement définitif se rendait alors. Quand la séparation était prononcée pour adultère, l'époux coupable était condamné à faire aux pauvres
une aumône déterminée, à jeûner certains jours de la

semaine et à réciter ces jours-là, à genoux, les psaumes de la pénitence. L'adultère entraînait, en outre, des peines auxquelles les juges criminels avaient seuls le droit de condamner.

Au dix-huitième siècle, les parlements étaient parvenus à leur but : la juridiction ecclésiastique était abandonnée et le juge civil pouvait seul connaître de la séparation de corps.

« Le juge ecclésiastique est incompétent, dit Pothier. Il n'a droit de connaître que des causes dans lesquelles il s'agit de *fœdere matrimonii*, dont il ne s'agit pas dans une demande de séparation d'habitation, cette séparation laissant subsister le lien du mariage ; d'ailleurs, la demande en séparation d'habitation renferme aussi celle en séparation de biens ; or, toutes les matières qui concernent les biens sont matières profanes, dont les juges d'Église ne peuvent connaître sans abus. »

A mesure que les mœurs se relâchaient, les cas de séparation de corps se multipliaient. Cependant, le divorce était toujours regardé comme un fléau. On admettait comme motif de séparation de corps la volonté des deux époux d'entrer en religion ; mais leur mariage n'en subsistait pas moins.

Pothier rapporte qu'une discussion régnait entre les jurisconsultes sur le point de savoir si, quand de deux époux infidèles, l'un se convertissait au catholicisme, leur union était rompue. Les partisans des deux opinions prétendaient trouver dans les évangélistes et les pères de l'Église, des preuves à l'appui de leur système. Dans un cas semblable qui lui fut soumis, le parlement de Paris rendit, le 2 janvier 1758, un arrêt déclarant que jamais la conversion d'un infidèle au catholicisme ne pourrait rompre son mariage, même dans le cas où son conjoint refuserait de venir cohabiter avec lui.

D'après Pothier, « on doit laisser entièrement à l'arbitrage et à la prudence du juge les causes de séparation. Il ne

doit être ni trop facile à l'accorder, pour des dissensions passagères, ni trop difficile, lorsqu'il aperçoit dans les parties une antipathie et une haine invétérée que la cohabitation ne pourrait qu'augmenter si on les laissait ensemble. »
— « Selon les règles de l'ordre politique, on doit non pas faire, mais permettre un moindre mal pour en éviter un plus grand; or, il n'est pas douteux que la discorde et les querelles qui arrivent tous les jours entre le mari et la femme, si on les laisse ensemble, sont un bien plus grand mal que leur séparation; on doit donc, pour l'éviter, permettre à la femme de se séparer d'habitation de son mari, lorsqu'il y a pour cela de justes causes. »

Pothier cite parmi les causes les plus ordinaires de la séparation les mauvais traitements de la part du mari, dont il faut apprécier la gravité, en tenant compte des circonstances et de la condition des personnes; le refus du mari de fournir à sa femme, dans son état d'infirmités, les choses les plus nécessaires à la vie, quoiqu'il ait le moyen de les lui fournir; l'accusation d'un crime capital intentée calomnieusement par le mari contre sa femme.

Mais ni l'épilepsie, quelque violents qu'en soient les accès, ni aucune autre maladie contagieuse, pas même la lèpre, aucune difformité, même survenue depuis le mariage, ne peut motiver la séparation de corps. La communication du mal vénérien, la folie ou l'adultère du mari ne sont pas non plus, d'après Pothier, des causes de séparation. Cependant, des auteurs et plusieurs arrêts décidaient le contraire.

Pothier ne cite, comme cause de séparation en faveur du mari, que l'adultère de la femme. Quand une femme se rendait coupable d'adultère, le mari seul pouvait l'en accuser. Ce droit n'appartenait pas à ses héritiers, pas même au ministère public ni pendant ni après le mariage, sauf cependant dans le cas où il y avait scandale et prostitution publique, surtout lorsque le mari se rendait complice des désordres de sa femme.

La femme adultère était renfermée dans un monastère où son mari pouvait la voir et la visiter, et au bout de deux ans l'en faire sortir pour la reprendre et la recevoir chez lui ; sinon, ce temps passé, faute par son mari de la reprendre, elle était rasée et passait dans le couvent le reste de ses jours. Elle était, en outre, déchue de ses dot, douaire et conventions matrimoniales.

Le mari pouvait toujours la reprendre, si bon lui semblait. De même après la mort de son mari, si la femme trouvait à se remarier, elle pouvait obtenir, en s'adressant au juge, la permission de sortir du couvent. Mais si elle ne trouvait point un second mari, sa vie devait se finir dans le cloître.

Quelques auteurs citent, en outre, comme cause de séparation en faveur du mari, l'attentat à sa vie qu'aurait commis la femme. Pothier ne mentionne pas non plus les excès et sévices.

La séparation ne pouvait s'obtenir que par une sentence du juge, rendue en connaissance de cause. Le consentement mutuel n'était point admis. Ainsi « un acte reçu par des notaires, par lequel une femme exposerait tous les faits pour lesquels elle demande la séparation, et par lequel le mari, de son côté, reconnaîtrait la vérité de ces faits, et consentirait par conséquent à la séparation, serait un acte absolument nul, qui ne produirait aucun effet. »

Ainsi que nous l'avons dit, on suivait pour la procédure de la demande de l'ordonnance de 1667 ; la femme pendant le procès se retirait dans une communauté ou dans un autre lieu convenable, qui était indiqué par le mari, sinon par le juge. Le mari devait lui remettre ses linges et habits, et lui payer une pension.

Quand la femme avait prouvé les causes de sa demande, la séparation était prononcée, soit pour un temps déterminé, soit pour un temps indéterminé, mais jamais à perpétuité, parce que cela eût été contraire au principe de l'indissolubilité du mariage. Les époux séparés pouvaient toujours se réconcilier.

La séparation avait pour effet de décharger la femme de l'obligation qu'elle avait contractée par le mariage de demeurer avec son mari, et de lui rendre le devoir conjugal. Elle pouvait donc choisir un autre domicile. La séparation d'habitation entraînait celle de biens, et le mari perdait tous ses droits sur les biens de sa femme, qui pouvait poursuivre la restitution de sa dot. De même, en cas de communauté, il y avait lieu à un partage des biens qui la composaient.

La loi punissait de mort la bigamie ; mais il y avait excuse pour les coupables lorsqu'ils appartenaient à une religion qui admettait la dissolution du lien conjugal.

Merlin justifie ce système en faisant remarquer que les mariages des protestants, contractés dans la forme des lois du royaume, sont indissolubles, car les lois en proclament l'indissolubilité. Si leurs mariages ont été contractés dans la forme de leur loi religieuse, ils sont nuls, car cette loi n'est pas reconnue en France. Et si, dans ce dernier cas l'intérêt des enfants fait présumer qu'il y a eu mariage, il faut donner à cette union le caractère qui la distingue, celui de l'indissolubilité.

Remarquons que dans notre ancienne monarchie le divorce était permis aux Juifs. La loi de Moïse le tolérait. Quand ils se fixèrent en France, les Juifs y apportèrent leurs usages. Il en résultait que leurs mariages avaient lieu d'après leurs lois et qu'ils pouvaient être dissous en vertu de ces mêmes lois. Leurs différends étaient portés devant nos tribunaux qui devaient alors se référer à leurs coutumes. Merlin cite à ce sujet un arrêt du parlement de Bordeaux qui fut rendu exécutoire, bien qu'il fût contraire aux principes de la législation française, et une décision du Châtelet de Paris, de 1779, qui renvoyait deux époux juifs devant le rabbin, pour remplir les formalités exigées pour la dissolution de leur mariage.

Nous arrivons à une époque où l'Eglise commençait à perdre la prépondérance qu'elle avait acquise. La Révolution approchait; parmi les nombreuses questions qui étaient à l'ordre du jour, se trouvait celle du divorce et de la séparation de corps. Après le règne de Louis XIV, qui fut le type du despotisme et du pouvoir absolu, on releva la tête après avoir été courbé si longtemps sous le joug du grand roi. On fut donc porté naturellement vers un certain esprit d'indépendance et de liberté qui devait d'autant plus trouver de partisans après la contrainte à laquelle on avait été soumis pendant de si longues années. La philosophie du dix-huitième siècle ne contribua pas peu à propager ces idées. Chacun se piquait plus ou moins alors de philosophie; et à force de l'entendre dire, on finit par se convaincre que le divorce était une conséquence de la liberté politique et religieuse.

En 1789 le divorce n'était cependant encore demandé que dans un seul cahier, celui dont le duc d'Orléans était porteur. Mais l'art. 7 de la constitution du 3 septembre 1791 déclara qu'elle ne considérait le mariage que comme un contrat civil. Or cette disposition renfermait en elle le germe du divorce, puisque l'indissolubilité du mariage n'est fondée que sur le vœu de la religion chrétienne. Aussi le 20 septembre 1792, l'Assemblée nationale, « considérant combien il importe de faire jouir les Français de la faculté du divorce qui résulte de la liberté individuelle dont un engagement indissoluble serait la perte, » décréta d'urgence le divorce sur la proposition du général Aubert-Dubayet, et toujours au nom de la liberté, supprima du même coup la séparation de corps.

Il y eut trois espèces de divorce : 1° le divorce par consentement mutuel; 2° le divorce par incompatibilité d'humeur ou de caractère, prononcé sur la demande de l'un des époux; 3° le divorce pour causes déterminées. Ces causes étaient : la démence, la folie ou la fureur; la condamnation à des peines afflictives ou infamantes ; les crimes, sévices ou injures graves de l'un des époux envers l'autre ; le déréglement de mœurs notoire ; l'abandon de la femme par le mari ou du mari par la femme pendant deux ans au moins ; l'absence de l'un d'eux sans nouvelles pendant cinq ans au moins ; l'émigration dans les cas prévus par la loi, notamment par le décret du 8 avril 1792. Enfin on donna à tous les époux séparés de corps avant la loi, la faculté de faire changer leur séparation en divorce.

Le divorce était prononcé par l'officier de l'Etat civil, après plusieurs tentatives de conciliation devant un tribunal de famille, composé au moins de six parents ou d'amis qui étaient choisis par moitié par le mari et la femme.

L'effet de cette loi ne fut pas longtemps à se faire sentir : dans les trois mois qui suivirent sa promulgation, le nombre des divorces égala à Paris celui des mariages.

Un décret du 4 floréal an II (23 avril 1794) permit à l'un des époux séparé de fait de son conjoint depuis six mois, de faire prononcer son divorce sans aucun délai d'épreuve. Bien plus, on permit aux femmes *des défenseurs de la patrie et des fonctionnaires éloignés de leur domicile pour le service de la République*, de divorcer quand leurs maris seraient absents depuis plus de six mois. La République se montrait singulièrement généreuse et reconnaissante à l'égard des citoyens qui, se dévouant à son service, consentaient à abandonner leur famille et leur pays !

Ce décret ne resta pas longtemps en vigueur, et l'exécution en fut suspendue par un autre décret du 15 thermidor an III (2 août 1795).

On ne tarda guère à reconnaître à quels honteux abus on était amené par suite de la facilité du divorce. Le mariage s'avilissait par suite, et n'était plus considéré que comme une affaire de spéculation, les hommes n'épousant leurs femmes que pour leurs dots, et divorçant aussitôt qu'ils espéraient trouver des dots supérieures chez d'autres femmes,

La Convention entendit bientôt les réclamations qui s'élevaient de tous côtés, et plus d'un honnête homme prit la parale à sa tribune pour défendre le mariage et combattre la fureur toujours croissante du divorce.

Aussi lors de la confection du Code Napoléon, le temps et les excès révolutionnaires avaient sensiblement modifié l'opinion publique. Les principes religieux, quelque temps relégués parmi les préjugés de l'ancien régime, avaient peu à peu repris leur empire. Dans beaucoup de départements on considérait comme un scandale le divorce, que l'on rejetait avec mépris. Dans quelques-uns on n'en avait même pas usé. Cependant, malgré l'aversion qu'il inspirait à beaucoup de personnes, il était évident que le divorce devait passer dans les lois nouvelles. La discussion fut très-animée lorsqu'il s'agit d'admettre le divorce dans le Code. M. Maleville, président du tribunal de cassation et l'un des rédacteurs du Code, et M. Carion-Nisas le combattirent avec vigueur. D'après M. Treilhard (*Exposé des motifs du titre du divorce*), « le divorce en lui-même ne peut pas être un bien; c'est le remède d'un mal ; le divorce ne doit pas être signalé comme un mal, s'il peut être un remède quelquefois nécessaire. »

Le divorce fut admis ; mais on chercha à prévenir les abus auxquels il aurait pu donner lieu, en l'entourant de formalités longues et nombreuses; on voulait, d'après M. Treilhard, le vendre si chèrement qu'il ne pût y avoir que ceux auxquels il serait absolument nécessaire qui fussent tentés de l'acheter.

On ne permit point le divorce par incompatibilité d'humeur. Les principales causes qui furent admises furent : l'adultère de la femme, l'adultère du mari qui entretient une concubine dans la maison commune, les excès, sévices ou injures graves, la condamnation de l'un des époux à une peine infamante, enfin le consentement mutuel entouré de conditions et de formalités multipliées, et persistant pendant certains délais.

Les formalités exigées pour le divorce étaient nombreuses ; elles étaient différentes suivant qu'il avait lieu pour causes déterminées ou par consentement mutuel.

Lorsque le divorce était fondé sur une cause déterminée, l'époux présentait sa demande au président du tribunal qui renvoyait, par une ordonnance signifiée au défendeur, les époux à comparaître devant lui. Le président avait mission de réconcilier les époux. S'il ne réussissait pas, le tribunal, dans un délai de trois jours, accordait la permission de citer ; il pouvait suspendre cette autorisation pendant vingt jours au plus. La demande était ensuite présentée à huis-clos au tribunal. Elle pouvait être contredite par le défendeur. Un procès-verbal des dires, observations, aveux des parties était dressé et l'affaire était renvoyée à une audience publique. A cette audience le tribunal, après avoir entendu le rapport d'un juge et les conclusions du ministère public, statuait sur les fins de non-recevoir, admettait ou rejetait la demande en divorce. Si les faits quoique pertinents n'étaient pas clairement démontrés, le tribunal à huis-clos procédait à une enquête. L'enquête terminée, un juge faisait son rapport à l'audience publique, les parties pouvaient faire entendre leurs observations, le ministère public donnait ses conclusions. Lorsque le jugement qui admettait le divorce n'était plus susceptible d'être attaqué par les voies légales, l'époux qui avait obtenu gain de cause, devait, sous peine de déchéance du jugement, appeler son conjoint devant l'officier de l'état-civil pour faire prononcer le divorce.

Lorsque la demande était formée pour cause d'excès, sévices ou injures graves, l'époux demandeur pouvait être autorisé à quitter son conjoint, et si, après une année d'épreuves, les époux ne s'étaient pas réunis, le demandeur pouvait faire citer le défendeur à comparaître devant le tribunal pour y entendre prononcer le jugement définitif.

Les époux qui voulaient divorcer par consentement mutuel étaient tenus de se présenter quatre fois dans la même année devant le président du tribunal, juge conciliateur, et de faire dresser par un notaire, lors de chaque comparution, un procès-verbal attestant leur intention de divorcer. Ils devaient produire le consentement des ascendants dont le Conseil aurait été requis pour le mariage. Des conditions d'âge étaient également exigées : vingt-cinq ans au moins pour le mari, vingt-un ans pour la femme. Le consentement mutuel n'était admis que quand le mariage avait duré au moins deux ans; il ne pouvait plus l'être après vingt ans de mariage, ou lorsque la femme avait dépassé quarante-cinq ans. A l'expiration de l'année d'épreuve, les époux comparaissaient de nouveau devant le président, assistés de deux amis âgés de cinquante ans au moins, et lui remettaient les procès-verbaux. Le ministère public donnait ses conclusions, et le tribunal, après avoir vérifié si toutes les formalités prescrites avaient été remplies, déclarait que les parties avaient satisfait aux conditions déterminées par la loi, admettait le divorce, et renvoyait les époux devant l'officier de l'état-civil. Dans les vingt jours qui suivaient l'arrêt définitif, les parties devaient, à peine de nullité, se présenter ensemble et en personne devant l'officier de l'état-civil qui prononçait le divorce.

Comme on le voit, les formalités étaient longues, multipliées et fort coûteuses pour arriver au divorce. De plus la loi frappait les époux de certaines déchéances dont nous aurons à parler quand nous étudierons les effets de la séparation de corps. Dans le cas de divorce par consentement mutuel, les époux ne pouvaient se remarier avant l'expiration de trois ans ; car on ne voulait pas que le désir de contracter un second mariage pût-être la cause de la dissolution du premier. De plus la moitié des biens de chacun des deux époux appartenait de plein droit aux enfants nés du mariage. Les père et mère n'en conservaient que l'usufruit et encore seulement jusqu'à ce que leurs enfants eussent atteint dix-huit ans.

Quand on avait songé à faire entrer le divorce dans les lois nouvelles, on avait laissé de côté la séparation de corps qui n'avait pas pris place d'abord dans le projet du Code. Mais l'opinion publique était pour elle; la plupart des tribunaux l'avaient réclamée au Corps législatif pour venir au secours des catholiques qui religieusement ne croyaient pas pouvoir recourir au divorce. Ce fut, d'après M. Treilhard, une espèce de transaction religieuse pour le besoin des consciences délicates qui pouvaient regarder comme un précepte impérieux l'indissolubilité du mariage. Toutefois ce ne fut qu'à la suite de discussions très-animées que la séparation de corps entra dans le projet du Code. La principale et la plus sérieuse objection qu'on avait contre elle était qu'elle condamnait les époux, et surtout celui qui est innocent, à un célibat perpétuel. Il est du reste facile de voir par le peu de place accordée à la séparation que ce n'est qu'incidemment et comme à regret qu'elle a été admise : quatre chapitres, contenant soixante seize articles, sont consacrés au divorce. Six articles seulement règlent la séparation de corps. Et cependant que de questions nombreuses et graves s'y rattachent, et par suite que de difficultés proviennent de ce laconisme !

Le 31 mars 1803 la nouvelle loi du divorce et de la séparation de corps fut promulguée. Cette législation ne dura pas longtemps. Le divorce n'avait pas été regardé avec beaucoup de faveur partout en France, et l'opinion publique luttait contre lui. La religion catholique qui était celle de la majorité de la population était pour beaucoup dans le discrédit dont il était enveloppé. Aussi animé de l'esprit religieux qui avait autrefois fait proscrire le divorce, le gouvernement de la Restauration songea à le faire disparaître. Le 26 décembre 1815 M. de Bonald en proposa l'abolition à la Chambre des députés. Cette proposition fut prise en considération et examinée dans les bureaux. Quelques mois plus tard les deux Chambres l'adoptaient presque à l'unanimité, et à partir du

8 mai 1816 le divorce disparut encore une fois pour céder définitivement la place à la séparation de corps.

Mais tout en abolissant le divorce, on n'avait pas songé à développer les quelques articles qui, dans le Code Napoléon, réglaient la séparation de corps, et qui étaient déjà si insuffisants alors que le divorce existait à côté d'elle. Quelques mois plus tard cependant les auteurs de la loi d'abolition du divorce, frappés de l'imperfection du titre du Code relatif à la séparation, proposèrent un projet de loi à la Chambre des pairs qui l'adopta le 7 décembre 1816. Le rapporteur de la commission chargée d'examiner le projet de loi, avait dit « que cette loi manquait à notre législation, qu'elle ferait cesser des difficultés qui s'étaient souvent présentées devant nos tribunaux, qu'elle résolvait des doutes qu'il était enfin nécessaire d'éclaircir ; qu'elle consacrait quelques principes longtemps incertains et cependant bien importants pour l'ordre public et pour les familles, et qu'elle ménageait avec une rare intelligence tous les intérêts, soit de la société, soit des époux, soit des enfants. »

La Chambre des députés n'ayant pu s'occuper avant la fin de la cession de ce projet qu'avait adopté la Chambre des pairs, il ne fut pas représenté. Nous devons regretter cet abandon et désirer qu'un autre gouvernement vienne faire ce que celui de la Restauration n'a pu compléter. Car encore aujourd'hui pour combler les lacunes du Code en matière de séparation de corps, on en est réduit à argumenter par analogie des dispositions qui concernaient le divorce.

Parmi les lois postérieures qui se rattachent à la séparation, nous trouvons une Ordonnance du 16 mai 1835 d'après laquelle les appels des demandes en séparation de corps doivent être jugés non pas en audience solennelle, mais en audience ordinaire, et qui met fin à la controverse qui s'était élevée sur ce point. Une autre loi des 6-15 décembre 1850, qui se rapporte également à notre matière, règle le désaveu de l'enfant né depuis la séparation de corps prononcée ou demandée, ou depuis le rejet de la demande ou la réconciliation. Nous aurons à en parler plus loin.

Le triomphe de la séparation de corps sur le divorce ne fut pas reconnu sans protestations, et plus d'une tentative fut faite pour l'établir de nouveau. La révolution de 1830 avait donné un autre courant aux idées. La religion d'Etat était supprimée. Aussi, en 1831, M. de Schonen proposa à la Chambre des députés l'abrogation de la loi de 1816. Sur le rapport rédigé par M. Odilon Barrot, la proposition fut adoptée à une majorité considérable, 195 voix contre 70. On en faisait surtout une question de liberté religieuse. Mais la Chambre des pairs repoussa le projet voté par la Chambre des députés.

Trois fois, de 1831 à 1835, la même question fut ramenée devant les Chambres, mais échoua toujours devant la résistance de la Chambre des pairs.

C'est en vain que les communistes et les saint-simoniens faisaient tous leurs efforts pour revenir à la législation du Code. Le divorce était pour eux le premier acte de la réforme sociale qui devait régénérer le monde.

Quant aux catholiques, ils repoussaient une législation qui punissait un acte que leur religion considérait au contraire comme un devoir. En effet si deux époux catholiques, après avoir, dans un moment de passion, consenti à divorcer, cédaient plus tard aux remords de leur conscience et aux inspirations de leur religion qui leur ordonnait de pardonner et de revenir à la vie commune, la loi du divorce était là, qui s'opposait à la réalisation de leurs vœux, puisque d'après elle les époux divorcés ne pouvaient plus se réunir. S'ils se réconciliaient et reprenaient la vie commune, leur union n'était plus à ses yeux qu'un commerce illicite, et les enfants qui en naissaient n'étaient considérés que comme des bâtards.

En 1848, la question du rétablissement du divorce reparut encore une fois. Ce fut M. Crémieux, alors ministre de la justice, qui en fit la proposition à l'Assemblée. Mais, malgré les sentiments démocratiques dont l'Assemblée était animée ; malgré les idées de liberté qui régnaient alors, le ministre de la justice échoua complétement, et le projet dut être retiré.

Bien que depuis aucune loi n'ait été présentée pour rétablir le divorce, plus d'une fois cependant les esprits se sont tournés vers cette institution ; plus d'une fois on s'est demandé en voyant un époux jeune encore obligé de demander sa séparation de corps et forcé d'achever une vie encore longue dans le célibat, si ce ne serait pas un bienfait de rétablir le divorce, non pas peut-être tel qu'il existait sous le Code, mais en lui faisant éprouver quelques modifications. Le dernier mot n'est pas dit sur cette question et plus d'une fois sans doute elle reviendra encore à l'ordre du jour.

DEUXIÈME PARTIE

Nous venons de voir quelles vicissitudes la séparation de corps a subies dans notre législation. Il nous reste maintenant à exposer et à développer les principes qui la régissent aujourd'hui. — Nous allons rechercher successivement quelles sont les causes de la séparation de corps, quelles fins de non-recevoir on peut opposer à la demande, quelle procédure il faut suivre, quels sont les effets de la séparation, et enfin comment elle peut cesser.

CHAPITRE PREMIER.

DES CAUSES DE LA SÉPARATION DE CORPS.

La séparation de corps ne peut avoir lieu que pour causes déterminées. A la différence du divorce elle ne fut point autorisée par consentement mutuel. Cette distinction, malgré les raisons qui en ont été données par M. Treilhard, ne peut guère se justifier. Dans la pensée du législateur, la séparation de corps étant le divorce des catholiques, il eût fallu l'autoriser pour les mêmes causes que le divorce. Car lorsque deux époux demandent l'un et l'autre à être séparés et qu'ils y mettent la même persévérance que le Code exigeait pour le divorce, on a tout lieu de croire qu'une vie commune qui continuerait dans de telles circonstances n'aurait rien de bien heureux pour les époux, ni de bien utile pour la société. On objectait contre le consentement mutuel que le divorce et la séparation produisent des effets bien différents ; que la séparation se poursuivant comme une action ordinaire, si le consentement mutuel était admis, l'instruction n'offrirait aucune garantie contre l'abus de cette cause. On disait aussi que permettre la séparation par consentement mutuel, c'était ouvrir la porte au caprice et à la légèreté et par suite créer une source d'abus ; enfin que la séparation de corps entraînant la séparation de biens, c'était donner aux époux de mauvaise foi le moyen de frauder leurs créanciers.

Mais ces raisons nous semblent peu décisives. En effet, le motif que le consentement mutuel est une porte ouverte au caprice et à la légèreté, en supposant qu'il soit exact, peut aussi bien s'appliquer au divorce qu'à la séparation de corps. Le divorce entraîne la séparation de biens d'une façon bien plus définitive que la séparation de corps. Enfin, quant au motif tiré de ce que la demande en séparation est une action ordinaire, il n'y a qu'à répondre que rien n'empêchait d'exiger pour la séparation les mêmes formalités que pour le divorce. On eût pu alors éviter les inconvénients qu'on signale.

Quoi qu'il en soit, le consentement mutuel, quelque temps qu'il dure, n'est point une cause de séparation. Il en résulte que la convention par laquelle deux époux arrêtent ensemble de vivre séparés ne saurait avoir aucune force obligatoire. Cette convention est cependant assez usitée ; il arrive en effet fréquemment que deux époux pour qui la vie commune est devenue intolérable, et qui pourraient demander leur séparation de corps en alléguant de justes motifs, préfèrent, pour éviter le scandale et la publicité d'une demande judiciaire, se séparer à l'amiable, c'est-à-dire convenir que chacun vivra de son côté et à sa fantaisie. Il est bien évident qu'une pareille convention n'a rien d'obligatoire aux yeux de la loi, même pour les époux, et qu'à plus forte raison la convention par laquelle les deux époux à la suite de cette séparation volontaire, régleraient leurs intérêts pécuniaires pourrait être encore moins opposable à leurs créanciers.

Sous la législation actuelle les causes de séparation que peut invoquer le mari sont plus nombreuses qu'elles ne l'étaient dans l'ancien droit. Quant à celles que peut invoquer la femme, elles sont à peu près les mêmes. L'article 306 du Code Napoléon est ainsi conçu : « Dans le cas où il y a lieu à la demande en divorce pour cause déterminée, il sera libre aux époux de former la demande en séparation de corps. » Les causes déterminées pour lesquelles le divorce était admis étaient l'adultère de la femme, celui du mari lorsqu'il avait tenu sa concubine au domicile conjugal, les excès, sévices ou injures de l'un des époux envers l'autre, enfin la condamnation de l'un des époux à une peine infamante. (Art. 229 et suivants.)

La séparation ne pourrait être prononcée pour d'autres causes que celles que nous venons d'indiquer. Les mots *excès, sévices* ou *injures*, doivent être pris, il est vrai, dans leur sens le plus étendu, et il est facile de faire entrer dans cette catégorie presque tous les faits qui sont susceptibles de devenir pour les époux des sujets de plainte. Mais on ne doit pas considérer comme causes de séparation des faits qui n'ont aucun rapport avec les excès, sévices ou injures graves. Ainsi les juges ne devraient pas prononcer une séparation de corps demandée pour cause d'infirmités graves, même de perte absolue de la raison. L'absence non plus ne doit pas être considérée comme motif valable, à moins cependant qu'on ne la regarde comme un abandon volontaire, ce qui constituerait alors une injure grave.

Nous allons étudier successivement les causes de séparation énumérées plus haut, et qui feront l'objet des trois sections suivantes.

Section Première.

Adultère.

L'adultère est la violation du serment solennel de fidélité constante et réciproque que les époux se font en contractant le mariage. Presque tous les législateurs ont traité d'une façon fort inégale l'adultère de la femme et celui du mari. L'opinion publique se montre aussi plus indulgente pour la conduite du mari que pour celle de la femme. C'est que si, au point de vue de la morale et de la religion, l'époux est aussi coupable que l'épouse, les suites de l'adultère sont bien moins graves quand c'est le mari qui le commet. La femme, au contraire, par ses désordres, expose le mari à endosser une paternité qui n'est pas la sienne, et les enfants légitimes à partager avec des enfants qui sont le fruit de l'adultère, la succession paternelle à laquelle les derniers n'ont aucun droit.

« Les lois politiques et civiles de presque tous les peuples, dit Montesquieu (*Esprit des Lois*, l. 26, ch. 8), ont avec raison distingué ces deux choses (adultère du mari et celui de la femme). Elles ont demandé des femmes un degré de retenue et de continence qu'elles n'exigent point des hommes, parce que la violation de la pudeur suppose dans les femmes un renoncement à toutes les vertus ; parce que la femme, en violant les lois du mariage, sort de l'état de la dépendance naturelle ; parce que la nature a marqué l'infidélité des femmes par des signes certains : outre que les enfants adultérins de la femme sont nécessairement au mari et à la charge du mari, au lieu que les enfants adultérins du mari ne sont pas à la femme, ni à la charge de la femme. » L'égalité des torts reconnue par le droit canonique ne pouvait être admise par la loi civile qui n'a qu'à se préoccuper des faits de la vie réelle et des conséquences qu'ils peuvent avoir.

D'après le Code, l'adultère de la femme est toujours une cause de séparation ; peu importe le lieu où il a été commis ; peu importe aussi s'il ne résulte que d'une faute isolée ou au contraire de relations suivies. La loi n'a pas permis au mari de punir l'adultère de sa femme en ne lui donnant que la faculté de demander contre elle sa séparation de corps; il peut sans provoquer cette demande la faire punir de peines correctionnelles. Le législateur comprenant d'ailleurs que l'adultère intéressait plutôt l'époux offensé que la société, a soumis l'action publique à l'initiative de cet époux; et de plus il lui a accordé le droit de pardonner. Ainsi dans le cas où, comme nous le verrons, sur la demande en séparation de corps intentée par le mari pour adultère de sa femme, le ministère public a fait condamner celle-ci à la peine édictée par l'art. 308, C. N., le mari peut faire cesser l'effet de cette condamnation en consentant à reprendre sa femme et à recommencer la vie commune.

Quant à l'adultère du mari, il n'est pas dans tous les cas une cause de séparation. « La femme pourra demander le divorce (ou la séparation de corps), dit l'art. 230, pour cause d'adultère de son mari, lorsqu'il aura tenu sa concubine dans la maison commune. »

Ainsi deux conditions sont ici nécessaires : que le mari ait tenu une concubine, c'est-à-dire qu'il s'agisse, non pas d'un fait isolé, mais de rapports suivis et habituels; — que ces rapports aient eu lieu dans la maison commune; ainsi des fautes quotidiennes, mais commises hors de cette maison, ne seraient point une cause de séparation. C'est qu'en effet la faute du mari est bien plus grave quand il pousse l'impudence jusqu'à rendre sa femme témoin de ses infidélités.

Il faut donc que le mari ait eu des rapports suivis et habituels avec une autre femme. Cette condition résulte en effet des mots *tenir sa concubine*. Dès que ces rapports existent, peu importe également si c'est par la volonté du mari ou la volonté de la femme que la concubine soit venue ou soit demeurée dans la maison commune. Ainsi il y aurait lieu à séparation dans le cas où le mari aurait des rapports coupables avec une domestique que la femme seule aurait fait venir et aurait gardée chez elle, sans aucune instigation de la part du mari. Bien que Marcadé soit de l'avis contraire, nous ne croyons pas que son opinion doive être suivie. Car si c'est par la volonté de là femme que la domestique est entrée dans la maison commune; si c'est encore par sa volonté qu'elle y est restée, on ne peut pas admettre que la femme en le faisant ait entendu garder chez elle la concubine de son mari.

A plus forte raison l'adultère entaché d'inceste serait une cause de séparation; et l'on devrait repousser la défense du mari qui, alléguant son inceste avec sa propre fille, viendrait soutenir qu'il n'a point introduit de concubine sous le toit conjugal, puisque c'est en qualité de fille que sa concubine habitait le même toit que lui. (Paris, 11 juillet 1812.)

Mais que faut-il entendre par maison commune ? s'agit-il du domicile, ou simplement de la résidence ? Il suffit que ce soit la maison que les époux habitent ensemble, bien qu'elle ne soit pas au lieu du domicile. On doit également regarder comme maison commune la demeure du mari bien que la femme n'y réside pas. La loi en effet voit une aggravation de la faute du mari dans le fait de commettre un adultère en présence de sa femme; elle ne veut pas que celle-ci puisse se trouver face à face avec sa rivale. Il suffit donc pour se trouver dans l'espèce prévue par le Code que l'adultère ait été commis dans une maison que la femme a le droit d'habiter avec son époux.

Ainsi un mari ayant son domicile à Paris, demeure à Versailles et entretient une concubine dans sa maison. La séparation pourra être demandée par la femme.

Deux époux vivent alternativement à la ville et à la campagne; pendant que sa femme habite la ville, le mari fait venir sa concubine dans sa maison de campagne, et *vice versâ*. Il y a là entretien d'une concubine dans la maison commune; car à la campagne comme à la ville, la femme est toujours chez elle.

Si la femme a quitté le domicile conjugal, elle peut provoquer cependant la séparation lorsque son mari a pris une concubine; car elle a toujours conservé son domicile chez son mari et peut toujours y rentrer. Elle serait donc exposée à s'y rencontrer avec cette concubine.

De même si le mari abandonne sa femme pour aller vivre avec une concubine dans une autre maison, ce nouveau domicile qu'il prend, devient la maison commune. La femme, obligée d'habiter avec son mari et de le suivre partout où il va, doit donc considérer comme la sienne la nouvelle demeure de son mari, et a le droit et le devoir d'y aller habiter avec lui. Il est donc impossible de ne pas voir encore là une maison commune; par suite la femme pourrait invoquer ce motif pour demander sa séparation de corps.

Si la concubine n'était venue au domicile conjugal que depuis que la femme, demanderesse en séparation, a été autorisée à résider ailleurs, il n'en résulterait pas moins là pour la femme un nouveau motif de séparation; car tant que le jugement de séparation n'est pas prononcé, la femme conserve son domicile chez son mari, et la mesure en vertu de laquelle on lui permet d'aller habiter ailleurs, n'a rien que de provisoire.

Un arrêt de la cour de Besançon du 9 avril 1808 décide que la femme peut demander la séparation de corps pour adultère, si son mari a entretenu sa concubine dans un bâtiment qui est une dépendance de l'habitation commune renfermée dans l'enceinte même du terrain attaché à cette habitation.

La cour de Toulouse a jugé aussi que, lorsqu'un mari et sa concubine ont acheté conjointement une maison qu'ils possèdent par indivis et qu'ils habitent en commun, la femme légitime peut à juste titre invoquer à l'appui de sa demande en séparation l'entretien par son mari d'une concubine dans la maison commune (12 avril 1825.)

La séparation de corps devra-t-elle être accordée lorsque la concubine n'habitera pas le même appartement, mais sera cependant logée sous le même toit ? Il arrive en effet fréquemment que dans les grandes villes plusieurs familles habitent dans la même maison des appartements séparés. Ces appartements constituent bien, il est vrai, des habitations distinctes, en ce sens que chaque famille est entièrement libre et séparée des autres dans son appartement, mais il n'en est pas moins vrai que les habitants de chaque étage se trouvent par le fait avoir forcément des relations ensemble, ne serait-ce que la rencontre inévitable dans l'escalier commun. Or, nous trouvons précisément ici ce que la loi ne veut pas, que l'épouse soit exposée à se rencontrer journellement face à face avec la concubine de son mari. Qu'on ne dise pas qu'il y a dans ce cas demeure séparée, et que ce n'est point la maison commune, car la femme n'aurait pas le droit d'y aller habiter. Pourra-t-on soutenir que l'épouse ne se trouvera pas plus outragée, quand elle saura sa rivale logée sous le même toit, habitant porte à porte avec elle, et qu'elle sera exposée à la rencontrer à chaque instant ? Tel n'est cependant pas l'avis de M. Demolombe : d'après lui chaque appartement d'une même maison constitue une demeure séparée ; quand même la concubine habiterait au même étage, et porte à porte avec les époux, « je n'en répondrai pas moins, dit M. Demolombe, que la concubine n'est point dans la maison commune. J'excepte toutefois, bien entendu, le cas où, par un certain arrangement des lieux, au moyen d'une simple cloison faite *ad hoc*, le mari tiendrait en réalité sa concubine dans l'appartement commun ; ce serait là une fraude dont il ne faudrait pas être dupe. Mais si vous supposez, au contraire, deux logements bien séparés et bien distincts, je persiste à dire que la concubine ne sera pas alors dans la maison conjugale. »

Il a été jugé qu'il n'y a maison commune que quand la résidence du mari a un caractère de fixité telle que la femme puisse regarder l'habitation du mari comme le domicile commun et celui dans lequel elle a le droit et le devoir d'aller habiter avec lui ; et que par conséquent le fait d'adultère invoqué par le femme à l'appui de sa demande ne peut être réputé commis dans la maison commune, s'il n'a eu lieu que dans des résidences passagères du mari en hôtels garnis (Paris, 29 juin 1839.)

La Cour de Cassation a aussi décidé qu'il n'y a pas entretien d'une concubine au domicile conjugal, dans le fait du mari qui, ayant un domicile légal où il réside avec sa famille, entretient une concubine dans une autre habitation louée sous un nom supposé (7 juin 1861.)

Bien qu'en général les relations adultères qu'a le mari hors de la maison commune, ne soient pas une cause de séparation, elles pourraient cependant la motiver si elles avaient un caractère injurieux pour la femme, soit à cause de la publicité qu'elles auraient, soit par suite de la conduite de la concubine vis-à-vis de l'épouse. C'est ce qui aurait lieu, par exemple, si le mari affichait son inconduite ; ou bien encore si la concubine avait été placée par le mari à portée de sa femme, de manière que celle-ci fût forcée d'être témoin de son inconduite ou de ne pas l'ignorer, ou qu'elle fût exposée sans cesse à rencontrer sa rivale et à être bravée par elle.

Section II.

Excès, sévices, injures graves.

« Les excès, les sévices, les injures graves, dit M. Treilhard, (Exposé des motifs) sont aussi des causes de divorce : il serait superflu d'observer qu'il ne s'agit pas de simples mouvements de vivacité, de quelques paroles dures échappées dans des instants d'humeur ou de mécontentement, de quelques refus, même déplacés de la part de l'un des époux, mais de véritables excès, de mauvais traitements personnels, de sévices dans la rigoureuse acception du mot *sœvitia*, cruauté, et d'autres injures portant un grand caractère de gravité. »

Ainsi la loi ne veut pas que les juges puissent prononcer la séparation de corps quand il ne s'agit que de légers mauvais traitements, de quelques injures peu graves auxquelles l'un des époux se sera laissé entraîner dans un moment d'emportement envers son conjoint. C'est aux juges à décider, d'après les circonstances, la qualité des époux, si les mauvais traitements, les injures qu'on allègue, peuvent être un motif suffisant de la séparation. La loi, sans leur tracer aucune limite, leur a laissé toute latitude à ce sujet, car il y a beaucoup à tenir compte des circonstances. Telle injure, par exemple, qui dans la bouche d'un homme du peuple n'aura aucune importance, pourra au contraire constituer un grave outrage dans celle d'un homme d'une condition plus élevée.

§ I. — *Excès et sévices.*

Les excès sont les actes de violence qui passent toute mesure, et qui peuvent mettre la vie de l'époux en danger.

Les sévices sont les mauvais traitements qui sans mettre l'existence en danger, rendent cependant la vie commune intolérable.

Les anciens règlements ecclésiastiques exigeaient pour que la séparation fût prononcée dans le cas de mauvais traitements, qu'ils fussent tels que l'époux n'eût pas d'autre moyen de mettre ses jours hors des atteintes de son conjoint. Mais l'ancienne jurisprudence avait adouci la sévérité de cette règle. « Les chagrins, les peines, les travaux, dit Merlin, peuvent et doivent jusqu'à un certain point être mis sur la même ligne que les mauvais traitements. Qu'importe en effet qu'une femme périsse victime des effets lents mais irrésistibles de la douleur que lui causent les outrages continuels d'un mari qui la hait, ou qu'elle expire sous l'effort meurtrier des coups dont il l'accable ! »

Le projet du Code portait : « L'attentat de l'un des époux à la vie de l'autre sera une cause de divorce. » On comprit que mettre un époux dans la nécessité de formuler ainsi sa demande, était en quelque sorte le forcer « à traîner son conjoint sur l'échafaud. » Le mot excés fut substitué alors au mot attentat.

Le Code en ne définissant pas les excès et les sévices montre qu'il s'agit surtout là d'une appréciation de faits que la loi n'aurait pu déterminer d'avance d'une façon exacte; bien des choses seront en effet à considérer dans cette matière : la voie de fait a-t-elle été commise par méchanceté, ou par brusquerie? S'est-elle répétée plusieurs fois ou n'a-t-elle au contraire été qu'isolée? L'époux coupable a-t-il été provoqué? La position sociale des époux devra tenir également une grande place dans l'appréciation que devront faire les juges.

Suffit-il de simples faits isolés pour constituer des excès ou des sévices, ou ne faut-il pas au contraire que la reproduction fréquente des faits allégués ait prouvé l'intention méchante de l'un des époux de rendre la vie commune insupportable à son conjoint? Le législateur n'a pu exiger que les mauvais traitements fussent devenus habituels : c'était exposer l'époux à des actes de cruauté inutiles. Il est bien évident que si le fait ou les quelques faits qui sont allégués, bien que ne présentant pas un caractère de continuité ou d'habitude sont cependant assez graves en eux-mêmes, la séparation devra être prononcée. S'il ne s'agit pas de faits très-importants par eux-mêmes, mais qui, à force d'être répétés, acquièrent alors un certain caractère de gravité, il y aurait également lieu dans ce cas d'écouter les plaintes de l'époux.

Ainsi on peut dire que l'une ou l'autre de ces deux conditions, gravité et continuité, est seulement exigée. Si les faits
sont graves, il ne sera pas besoin qu'ils soient continuels;
s'ils sont peu importants, leur continuité seule pourra les
rendre graves. C'est ce qui explique pourquoi en cette
matière plusieurs arrêts semblent contradictoires tantôt en
exigeant que les sévices, les mauvais traitements soient
habituels, tantôt au contraire en n'exigeant pas qu'ils aient
été continus. La décision des juges est d'ailleurs motivée
par les circonstances et la qualité des époux. Tels faits qui
pour les uns constituent des sévices graves et amènent immédiatement la séparation, n'ont au contraire cet effet pour
d'autres, que quand ils ont été répétés un certain nombre
de fois.

Mais il n'en résulte pas pour cela que des faits peu graves
bien que répétés fréquemment, finiront par être une cause
de séparation. Il est en effet des sévices qui devront toujours
faire obtenir la séparation, tandis que d'autres ne pourront
au contraire jamais être pris en considération.

§ II. — Injures.

On entend par injures les paroles, les écrits et les faits qui
attentent à l'honneur.

L'injure pour devenir une cause de séparation doit être
grave. Il est bien difficile de déterminer par des règles quel-
conques les caractères particuliers qui rendront une injure
grave. Ici encore, comme dans le cas d'excès et de sévices,
tout dépend de la condition, de la manière de vivre des
époux. Il faut également tenir compte des circonstances de
temps, de lieu, d'intention, de provocation, des habitudes
des époux. Telle parole qui, adressée à une femme d'une
condition supérieure, constitue une injure profonde, devra
au contraire, s'il s'agit d'une femme d'une autre condition
moins élevée, être regardée comme un mot sans importance.

Nous allons nous borner à examiner les cas les plus fréquents d'injures faites par un époux à son conjoint, sans prétendre, bien entendu, citer tous les cas qui peuvent se présenter et qui ne sont que trop nombreux. Il suffit en général pour que la séparation soit prononcée, que les faits sans être excessivement graves, établissent un système constant de vexations et de mépris.

§ I. — *Injures verbales et écrites.* — La diffamation est une injure grave dans le sens de la loi, lorsqu'elle est dirigée par l'un des époux contre l'autre. Remarquons ici que la publicité qui est l'un des éléments essentiels de la diffamation générale, n'est pas nécessaire pour que l'injure soit une cause de séparation. Mais, bien entendu, la publicité qui aura été donnée à l'injure en augmentera d'autant plus la gravité.

L'accusation de vol portée calomnieusement par un mari contre sa femme est pour celle-ci une cause de séparation; peu importe à cet égard que l'accusation n'ait été portée que devant un tribunal civil. A plus forte raison en sera-t-il de même si le mari a accusé sa femme d'un crime capital. Ne serait-ce pas en effet se montrer trop dur et trop cruel envers une femme innocente, que de l'obliger à passer sa vie dans la société de celui qui n'a pas craint d'essayer de la déshonorer par une affreuse calomnie, et qui souvent par sa conduite envers elle, voudrait se venger du dépit et de la honte qu'il éprouve d'avoir échoué dans sa misérable tentative.

Un reproche d'adultère adressé calomnieusement en public par un mari à sa femme, avec cette agravation que la personne, les circonstances seraient indiquées, autorise la demande en séparation. Il en est de même de la plainte en adultère portée contre une femme par son mari, et qui a été reconnue reposer sur des faits faux; ou de la demande en séparation formée par le mari sous prétexte de l'adultère de sa femme, lorsque la preuve n'en a pu être faite.

Un arrêt de la Cour de Paris (15 juin 1812) décide que la demande du mari en divorce pour cause d'adultère, communiquée au ministère public et suivie d'un jugement portant permission d'assigner, est une injure grave suffisante pour autoriser la femme à provoquer la séparation de corps, quoique le mari se soit depuis désisté de toutes poursuites ; qu'une telle inculpation est même l'injure la plus grave qu'une femme honnête puisse recevoir ; qu'en pareil cas il n'est pas nécessaire que la femme prouve que la demande en divorce était motivée sur l'adultère, si le mari a retiré du greffe la minute de sa requête. Il suffit qu'elle articule et pose en fait que tel était le motif de sa demande, et que le mari, sommé de représenter la minute, n'obéisse pas à la sommation.

Cependant l'accusation d'adultère portée par un mari contre sa femme et qui n'aurait été rejetée que parce que les preuves produites n'étaient pas complétement justifiées, ne pourrait pas devenir pour la femme une cause de séparation, si l'accusation d'adultère n'était pas tout à fait dénuée de preuves. De même l'action en désaveu de paternité intentée par le mari, et qui suppose implicitement l'adultère de la femme, ne pourrait pas non plus, si elle avait été repoussée, être pour la femme un motif de séparation, alors que la conduite de la femme autorisait les soupçons, et que d'ailleurs l'action du mari n'a été repoussée que comme intentée après l'expiration des délais fixés par la loi.

Les imputations que s'adressent les époux dans le cours d'un procès, et surtout dans une instance en séparation, peuvent devenir une cause de séparation, alors surtout qu'é-trangers aux débats les faits allégués ne peuvent plus rentrer dans le système de la défense. Quant à l'accusation d'adultère, il a été décidé d'une manière absolue que soit qu'elle ait été invoquée comme base d'une demande en séparation, soit qu'elle l'ait été seulement comme exception tendant à repousser une demande de cette nature, elle est dans tous les cas une injure grave qui peut autoriser l'époux injustement accusé à faire prononcer sa séparation de corps.

Il a été jugé que l'imputation d'adultère faite à une femme dans la plaidoirie de l'avocat du mari défendeur, et non désavouée par l'époux présent, peut être considérée comme une injure grave suffisante pour amener la séparation. (Rennes, 21 août 1833.) La cour de Paris a cependant jugé, le 10 janvier 1852, que les expressions injurieuses et diffamatoires pour une femme, contenues dans les écritures signifiées durant l'instance en séparation de corps, ne peuvent être regardées comme autorisant la séparation, lorsqu'il n'est pas établi que ces expressions ont été insérées sur les indications et par la volonté du mari. Mais cette décision ne semble pas conforme aux règles établies en matière de désaveu : l'avoué en effet est considéré comme le mandataire de son client, et ce qu'il dit ou ce qu'il fait doit être regardé comme autorisé par lui, jusqu'à preuve contraire. Cet arrêt de la Cour de Paris ne nous paraît donc pas devoir être étendu d'une manière générale à tous les cas qui pourraient se rapprocher de celui qui a donné lieu à l'arrêt que nous citons. Les faits et les circonstances ont pu être d'un grand poids dans la décision des juges.

Les injures contenues dans des lettres écrites par un des époux à l'autre sont une cause de séparation, quand même les lettres n'auraient reçu aucune publicité. Des insultes écrites sont en effet plus sensibles que des injures qui peuvent, dans un moment d'irritation et de colère, sortir de la bouche de l'un des époux. Celles dont il ne reste aucune trace matérielle ne tardent pas à s'oublier. Mais il ne suffit pas pour qu'une injure serve de base à une demande en séparation qu'elle ait été écrite dans une lettre : elle n'est peut-être que le résultat d'un moment de colère promptement évanoui, et il n'y aurait aucun compte à en tenir, si l'époux avait essayé de réparer immédiatement la faute qu'il venait de commettre. Mais s'il résulte de plusieurs lettres que l'é-

poux a eu la volonté bien arrêtée et réfléchie d'injurier son
conjoint, il y aura lieu alors de prononcer la séparation.

D'après M. Demolombe une seule lettre peut suffire pour
faire prononcer la séparation de corps, quand elle est de nature à porter la désolation et la haine dans le cœur de l'é-
poux. La loi en effet n'a pas fait de l'habitude une condition
de l'admissibilité des causes qu'elle a reconnues. L'habitude
ne doit être prise en considération que quand il s'agit de
faits peu graves en eux-mêmes, et qui n'acquièrent de gravité que par leur répétition. Il faudra, d'ailleurs, dans le cas
où une seule lettre injurieuse a été écrite, tenir grand
compte de la conduite antérieure des époux; la séparation
ne devrait pas en effet être prononcée si, jusque-là, l'époux
injurié n'avait rien eu à reprocher à son conjoint.

Que doit-on décider relativement aux lettres écrites par un
des époux à un tiers? Les faits injurieux contenus dans cette
lettre pourront-ils, pour l'époux qui en est l'objet, être une
cause de séparation de corps?

Une distinction doit être faite avant tout : une lettre écrite
par un époux dans un but de conciliation soit à un parent,
soit à un ami qu'il prie d'intervenir dans le différend qui
s'est élevé entre lui et son conjoint, ne constitue pas une injure grave, parce qu'en écrivant la lettre, l'époux y a exposé
les causes de la mésintelligence qui règne entre lui et son
conjoint, et les fautes qu'il reproche à celui-ci.

Il en serait différemment si le mari par exemple, même en
écrivant à un parent de sa femme avait cédé à un mouvement
de haine et de ressentiment, et s'il n'avait écrit la lettre que
dans le but évident de diffamer son épouse. C'est une question
qu'il appartient aux tribunaux de trancher d'après les circonstances et les faits, et pour laquelle il n'est pas possible
de poser de règle absolue. Ainsi il a été jugé que l'imputation
d'un adultère incestueux faite à une femme dans deux lettres
écrites à un certain intervalle par son mari à son beau-père,
constitue une injure grave suffisante pour faire accueillir la

séparation de corps, surtout si ces lettres sont empreintes d'un caractère d'irritation et de menace. (Nîmes, 30 avril 1834.)

A plus forte raison doit-on admettre la même décision en ce qui concerne les lettres écrites à un tiers autre qu'un parent.

Peu importe en effet de quelle façon l'injure a été faite, du moment que l'intention d'insulter existe. La loi n'exige point que l'injure soit publique, ou qu'elle soit adressée directement à l'époux offensé. L'époux qui apprend un jour que son conjoint a exprimé pour lui-même en confidence, par écrit ou verbalement, à une ou plusieurs personnes, un mépris profond, ou qu'il lui a imputé les choses les plus infâmes, ne s'en ressentira-t-il pas aussi et peut-être même plus blessé et plus indigné, que si son conjoint avait osé lui jeter son mépris et ses reproches à la face ? Comment pourra-t-on désormais le forcer à vivre avec un époux dont les sentiments et les dispositions lui sont connus ; ne serait-ce pas lui créer une vie intolérable ?

Quant à la question de savoir si la production en justice d'une lettre adressée à un tiers est toujours possible, de graves difficultés se sont élevées sur ce point, et divisent encore la doctrine et la jurisprudence.

Cette question peut d'ailleurs se subdiviser :

L'époux demandeur en séparation peut-il produire, à l'appui de sa demande, les lettres adressées par son conjoint à un tiers, de quelque manière que ces lettres soient tombées entre ses mains ?

Peut-il, s'il ne possède pas ces lettres, assigner le tiers auquel elles sont adressées et demander qu'il soit tenu de les produire, ou du moins qu'il soit interrogé sur la teneur des lettres par lui reçues ?

Une première opinion veut que toute lettre soit, par son caractère même, confidentielle, et ne puisse, par conséquent, jamais être communiquée. Cette opinion s'appuie sur son arrêt de la Cour de Cassation du. 4 juin 1821, qui déclare qu'une lettre écrite à un tiers est par cela même confidentielle et qu'on ne peut s'en servir dans un procès. La cour de Limoges a également décidé (17 juin 1824), qu'une lettre écrite par le mari à un tiers ne peut autoriser la femme à demander la séparation de corps ; qu'une telle pièce est la propriété de celui qui la reçoit.

Une seconde opinion fait une distinction entre les lettres confidentielles et celles qui n'ont pas ce caractère. Les lettres qui ont un caractère confidentiel, soit d'après l'intention exprimée par leur auteur soit d'après les rapports qui existaient entre lui et les personnes auxquelles elles sont adressées, ne pourraient pas être produites en justice et servir à l'appui d'une demande en séparation. Aucune sécurité n'existerait alors dans les rapports de la vie privée. Mais il en est différemment des lettres qui ne sont pas confidentielles. (Merlin, Zacchariæ, Dalloz.)

Plusieurs arrêts ont, du reste, été rendus en ce sens. Ainsi la Cour d'Aix (17 décembre 1834), a jugé qu'une lettre écrite par un mari à son beau-frère ne pouvait, bien qu'elle contînt des imputations injurieuses contre la femme, servir de base à une demande en séparation de corps, parce que cette lettre avait un caractère confidentiel. On peut également voir, en ce sens, un arrêt de la Cour de Cassation du 9 novembre 1830.

Cette opinion repose sur une distinction que rien ne justifie, si ce n'est un certain sentiment de délicatesse qui fait repousser tout ce qui pourrait porter atteinte à l'inviolabilité de la vie privée. Mais considérons la position de l'époux qui a été ainsi outragé par une lettre et qui finit par en avoir connaissance : l'injure ne sera-t-elle pas plus grande pour lui de savoir que son conjoint a fait son confident d'un étranger qui peut-être n'a pas gardé ce secret pour lui et à son tour en a fait part à un autre ?

La troisième opinion enseignée par M. Massol (De la séparation de corps) et par M. Demolombe, nous paraît plus conforme au droit. Aucun texte ne s'oppose à la production d'une lettre en justice. En vain évoque-t-on la loi des 10-24 août 1790 qui assure l'inviolabilité des lettres. Elle ne s'applique qu'aux lettres non encore parvenues à leur destination et il ne saurait en être question ici.

On dira peut-être que la lettre qu'on produit n'a pu être communiquée que par un abus de confiance que la loi ne saurait admettre. Nous convenons qu'il peut y avoir eu indélicatesse, déloyauté, pour se procurer cette lettre; mais repoussera-t-on comme témoin celui qui a écouté aux portes et surpris un secret, ou celui qui a livré une confidence confiée de vive voix à sa bonne foi ?

Supposons d'ailleurs qu'au lieu de recevoir cette confidence de l'époux par écrit, ce tiers ait reçu ses plaintes verbalement : ne pourra-t-on pas le citer comme témoin; ne sera-t-il pas obligé de dire la vérité et d'exposer devant le juge tout ce qu'il a appris ? En quoi donc la circonstance que la confidence est écrite au lieu d'être verbale, peut-elle modifier son devoir?

« Sans doute, dit M. Massol, on peut se refuser à déposer sur des choses que l'on n'apprend qu'à l'occasion de l'état qu'on exerce et des fonctions dont on est investi. C'est ce qu'on décide à l'égard des confesseurs, des médecins, etc. Mais on reconnaît, en même temps, qu'une confidence qui serait faite à ces personnes en dehors de leurs fonctions ne les obligerait pas au secret; elles seraient donc forcées de transmettre à la justice tout ce qui leur aurait été raconté, soit de vive voix, soit par lettre. Ainsi, tout citoyen est dans la nécessité de révéler aux tribunaux les faits parvenus à sa connaissance autrement que par suite de la profession qu'il exerce et qui lui impose le secret le plus absolu. »

Il nous semble donc que, dès que je puis faire citer une personne comme témoin, je puis lui demander la production d'un acte privé qui lui a été adressé. « *Illi codices instrumenta proferre coguntur,* dit le droit romain, *qui, et testimonium adversus aliquem proferre coguntur.* » *(Code, de fide instrum.* 1. 22.)

Notre ancienne jurisprudence suivait la même règle : « L'une des parties plaidantes peut contraindre un tiers contre lequel elle ne plaide point, à lui exhiber et communiquer les pièces qu'il a, et dont elle veut se servir contre sa partie, pourvu que lesdites pièces ne puissent aucunement préjudicier à celui qui les a ; car, comme on peut contraindre quelqu'un à porter témoignage de ce qu'il sait, pareillement on peut contraindre quelqu'un à exhiber et communiquer des pièces pour s'en servir contre un tiers. » (Despeisses.)

Notre législation a admis aussi ce principe. L'art. 456 du Code d'instruction criminelle dit que les particuliers peuvent être contraints à la production des écritures privées qu'ils possèdent, sans distinguer si l'écriture est ou non confidentielle. Il ne faut pas d'ailleurs considérer cet article comme une exception fondée sur un intérêt public, mais bien comme une application du droit commun.

§ 2. — *Faits injurieux.* — Si des paroles amères, des expressions de mépris et de dégoût constituent un outrage susceptible d'entraîner la séparation de corps, il en est de même à bien plus forte raison d'actes qui éminemment emportent ce double sentiment. Une parole offensante peut échapper dans un moment de vivacité ou de dépit : un acte injurieux suppose au moins une froide réflexion et un sentiment de haine ou d'aversion plus violent qu'un mot d'injure ne peut faire supposer. « Tout ce qu'on peut remarquer, dit Merlin, c'est que les faits qui sont insuffisants pour séparer des époux de la classe indigente et laborieuse du peuple, prennent, entre personnes d'un état plus ou moins relevé, un caractère de gravité qui peut devenir un moyen légitime de séparation. Les uns, nés dans une condition basse, ont contracté des mœurs et un genre de vie conformes à leur état. Les autres, au contraire, élevés au sein de la mollesse et de l'opulence, sont délicats et sensibles à l'excès : pour eux, rien n'est indifférent; un geste, un regard, sont des outrages ; un mot s'imprime et se perpétue dans leur pensée: ce sont moins les paroles que l'intention qui les offensent. »

Il est donc tout aussi difficile de définir d'une façon exacte les faits qui constituent une injure, que les paroles qui devront être considérées comme des insultes. Ainsi que le dit Merlin, tout est relatif en cette matière, et dépend des circonstances et de la position des époux. On peut dire d'une façon générale qu'il y a mépris, et par suite injure de la part d'un des époux envers l'autre, lorsqu'il y a manifestation affectée, persévérante d'un sentiment contraire à celui qu'il devrait éprouver pour son conjoint.

Ainsi, le refus du mari de recevoir sa femme dans le domicile conjugal constitue une injure grave qui peut amener la séparation ; il en est de même si le mari refuse de recevoir sa femme qui, depuis longtemps, a abandonné le domicile conjugal. En effet, le mari avait les moyens de s'opposer à cet abandon, et, s'il se continue, c'est pour ainsi dire avec son consentement. D'ailleurs, l'abandon du domicile par la femme ne peut, à aucun titre, être considéré comme la compensation anticipée du refus du mari de la recevoir.

Le refus réitéré de la femme d'habiter avec son mari constitue une injure grave. Il faut cependant observer que la femme ne peut être contrainte de rentrer au domicile conjugal que quand il est en rapport avec la position sociale des époux, et que, par suite, le refus que ferait la femme d'habiter avec son mari, parce que son domicile n'est pas en rapport avec sa position, étant l'exercice d'un droit qui lui est accordé par la loi, ne constitue pas une injure.

Le refus par le mari, dont les facultés sont suffisantes, de fournir à sa femme ce qui est nécessaire à la vie, peut être également considéré comme un outrage, et motiver une séparation de corps.

Il a été jugé que, dans le cas où les mépris et les insultes dont la femme est abreuvée, viennent de la part des domestiques de la maison, que le mari, loin de les renvoyer, s'obstine, au contraire, à garder chez lui, la femme est justement fondée à demander sa séparation.

La communication du mal vénérien est-elle, dans tous les cas, une cause de séparation ? Pothier pose, en principe, « que ce mal, quoiqu'il y ait de forts soupçons que le mari se l'est attiré par ses débauches, ne peut pas servir de fondement à une demande en séparation, ce mal n'étant plus aujourd'hui incurable. » On décide généralement que, prise isolément et en dehors de toute circonstance aggravante, la communication du mal vénérien ne peut être considérée comme une injure grave ; qu'il en serait autrement si elle se trouvait accompagnée de faits particuliers de nature à lui donner ce caractère ; et que, quant à l'appréciation de ceux-ci, c'est à la lumière et à la conscience des magistrats qu'elle appartient tout entière. M. Massol n'admet pas cette doctrine ; il fait à cet égard une distinction : « S'il est établi que c'est le mari qui a donné le mal à la femme, cette dernière ne sera pas reçue à demander uniquement pour ce motif la séparation de corps. Mais au contraire, s'il est prouvé que c'est elle qui en était la première atteinte, son époux pourra la traduire devant les tribunaux, quand même la plainte n'aurait pas d'autre fondement. En effet, dans un cas pareil, la femme s'est rendue coupable d'adultère. Et il en devra être ainsi, alors même qu'elle aurait pris cette maladie honteuse avant son mariage : elle n'en serait pas moins très-répréhensible ; car l'inconduite est beaucoup plus criminelle de la part des femmes que de la part de hommes. »

Nous n'admettons pas cette opinion qui, d'abord, donne à l'homme une immunité complète, et ensuite fait résulter ce mal nécessairement de l'adultère de la femme ; souvent il en sera la suite, mais on ne peut soutenir qu'il en sera toujours de même. En cette matière, la décision des juges doit s'appuyer sur les faits et les circonstances particulières au procès. Ainsi, il a été jugé par la Cour de Paris plusieurs fois que le mari qui communique à sa femme une maladie vénérienne dont il sait être atteint, et dont il connaît la nature contagieuse, se rend coupable de sévices et d'injures graves, capables de faire prononcer contre lui la séparation de corps. Il a été également jugé que la communication *réitérée* du mal vénérien par le mari à sa femme, constitue à l'égard de celle-ci une injure grave.

Nous avons vu que l'adultère du mari n'est une cause de séparation que quand le mari a entretenu une concubine au domicile conjugal. Mais si l'adultère a été commis par le mari dans d'autres conditions que celles indiquées par la loi, il ne peut entraîner la séparation comme adultère, il est vrai ; mais il pourra au moins constituer une injure grave, et devenir par suite une cause de séparation, surtout à raison des circonstances qui pourront l'accompagner.

On fait, il est vrai, une objection : la loi n'a admis l'adultère du mari comme cause de séparation que dans un cas déterminé. Or, l'admettre dans d'autres cas, et avec d'autres conditions, ce serait violer la loi. Cela serait vrai si on voyait toujours dans l'adultère du mari une cause nécessaire de séparation en dehors du cas fixé par la loi ; mais il s'agit précisément de savoir s'il ne peut pas être entouré de circonstances, de faits accessoires tels, qu'il constitue une injure dont la gravité est laissée à l'appréciation des juges. « Comment, dit M. Demolombe, le mari entretiendra une femme de mauvaise vie ; il fera pour elle les plus folles dépenses ; il poussera le cynisme jusqu'à se montrer avec elle dans les lieux publics ; il l'établira dans le voisinage même de la demeure conjugale, à côté de sa femme, et l'on dirait qu'il n'y a point là d'injure grave ! Mais quelle injure, mon Dieu, serait plus poignante ! Laquelle pourrait blesser plus profondément le légitime orgueil de l'épouse, et déchirer plus cruellement son cœur ! » De nombreux arrêts ont, du reste, consacré cette manière de voir.

Nous avons encore à examiner certains faits qui peuvent être regardés comme des injures graves, et susceptibles par suite d'entraîner la séparation de corps.

Le refus de la part de l'un des deux époux catholiques, ou professant même tout autre culte, de procéder à la célébration religieuse du mariage, après qu'il a été célébré devant l'officier de l'état-civil, doit-il être regardé comme une injure assez grave pour donner lieu à la séparation ?

Nous n'examinerons pas la question de savoir si la nullité du mariage pourrait être invoquée dans ce cas en se fondant sur l'art. 180 qui permet d'annuler le mariage pour erreur sur les qualités de l'une des parties, pourvu que l'erreur porte sur un point assez grave et d'une assez haute importance morale. Nous nous demanderons seulement si, en supposant que les tribunaux ne prononcent pas la nullité du mariage, l'époux qui n'a consenti à se présenter devant l'officier de l'état-civil que sur la promesse de voir consacrer son mariage par un ministre de sa religion, devra être forcé de rester dans les liens d'une union que sa conscience et sa religion regardent comme illicite, sans pouvoir même obtenir la séparation de corps.

Dans un premier système (M. Thieriet, *Revue de législ.* 1846, t. 2), on ne reconnaît pas que la séparation puisse être prononcée. On prétend qu'on ne peut, sans forcer le sens des mots, apercevoir une injure grave de la part de l'un des époux envers l'autre, dans le refus de remplir une obligation morale, parce que l'époux qui viole ainsi les plus saintes promesses, ne manque qu'à lui-même ; que ce n'est pas se rendre complice d'une injure grave que de revendiquer d'un époux les droits d'un mariage qu'il ne reconnaît point, parce qu'il ne peut y avoir d'injure sans intention de la part de celui qui la commet ; et qu'en ce cas, le conjoint qui refuse de procéder à la célébration du mariage, n'entend pas outrager son conjoint ; qu'il y a une autre manière de voir, et voilà tout !

Ce résultat ne saurait être admis ; il est trop contraire à la morale et à l'équité, et ce serait violer la loi que de ne pas voir une injure dans le refus que fait le mari de procéder à la célébration religieuse de son mariage. M. Demolombe enseigne, à juste raison, le système contraire à celui de M. Thieriet. Lorsqu'en effet la célébration religieuse a été promise, soit expressément, soit même tacitement, et que l'autre époux a dû y compter (ce qui sera une question de fait), le refus de son conjoint est envers lui un manque de foi qui peut constituer une injure grave, puisque ce conjoint veut le forcer à vivre dans un état qui, à ses yeux, ne saurait être qu'un concubinage.

« Si le mari persiste, dit M. Coin-Delisle, si la prétention se convertit en abandon volontaire de la femme qu'on a civilement unie à son sort, le fait peut devenir une marque de mépris, une injure grave..... Cette persévérance coupable qui isole la femme pour la contraindre à pactiser avec sa conscience par amour pour son mari, est une injure grave contre la femme ; c'est une tactique contre sa liberté..... ; c'est d'ailleurs un double refus du droit de la femme ; refus d'accomplir une solennité religieuse promise expressément ou tacitement ; refus de consommer le mariage et de traiter la femme maritalement, tant qu'elle ne renoncera pas aux exigences de son culte ; violation du droit naturel, violation du droit religieux à l'égard d'une personne qui doit être protégée plus que toute autre par celui même qui l'offense. Est-ce que ce n'est pas là l'injure grave, ou plutôt une suite d'injures graves, entraînant la séparation de corps aux termes des articles 231 et 306 du Code Napoléon ?

» Qu'on ne réponde pas que le Code ne s'occupe que du droit civil : il suffit qu'il reconnaisse l'alliance du droit religieux ou du droit naturel avec le droit civil en matière de mariage, pour que le refus de protection, ou, pour mieux dire, la tyrannie du mari sur ces deux points, soit regardée comme une dénégation affectée et une violation des droits de la femme à la protection maritale. »

La Cour d'Angers a décidé, par un arrêt du 29 janvier 1859, que le refus par l'un des époux de procéder à la célébration religieuse du mariage, réclamée par son conjoint, pouvait constituer une injure grave de nature à faire prononcer la séparation de corps, quand même cette réclamation ne se produirait qu'après un grand nombre d'années.

Quant au changement de religion de l'un des époux, survenu depuis le mariage, on ne devrait pas voir là une cause de séparation. C'est là en effet un acte qui est moins relatif à l'autre époux, qui ne suppose pas la violation d'une promesse, qui est enfin l'exercice d'un droit reconnu par les lois, et s'il peut attrister son conjoint, il ne saurait être en général considéré comme un outrage envers lui.

Le refus du père de faire baptiser ses enfants ne doit pas être non plus considéré comme constituant à lui seul une injure grave envers l'autre époux. C'est un abus peut-être de l'autorité paternelle ; mais les droits que la puissance paternelle confère au mari l'autorisent à diriger à son gré l'éducation de ses enfants, et il serait difficile de trouver dans ce seul fait un outrage envers l'autre époux.

La femme que son mari empêcherait de remplir les devoirs de sa religion, ou que son mari voudrait contraindre à embrasser une religion nouvelle, pourrait à bon droit demander sa séparation de corps ; car l'espèce d'injure dont elle est victime est une des plus cruelles que puisse ressentir une âme religieuse. Les tribunaux auraient d'ailleurs à tenir compte des circonstances, des habitudes, de la manière de vivre des époux.

La demande en nullité de mariage peut-elle être une cause de séparation ? Merlin, M. Duranton enseignent qu'une telle demande ne constitue pas une injure grave. Nous préférons nous ranger du côté de M. Demolombe, qui pense que cette demande par elle-même ne doit pas être présentée comme une cause de séparation ; mais que la question dépendra beaucoup des circonstances, de la cause surtout pour laquelle la nullité du mariage aura été demandée et des moyens qu'on aura mis en œuvre pour la faire réussir. Ainsi il serait injuste qu'un forçat libéré pût faire prononcer sa séparation contre sa femme qui, trompée sur son état, aurait demandé la nullité de son mariage. Mais on pourra quelquefois voir un véritable outrage dans les circonstances ou les faits de la cause.

Certains faits commis par les époux antérieurement au mariage, lorsqu'ils sont de nature à porter atteinte à l'honneur et à la considération de l'autre époux, et qu'ils lui ont été cachés, peuvent-ils constituer une injure grave, et devenir par suite une cause de séparation de corps ? Ce qui peut faire naître le doute sur cette question, c'est que les devoirs des époux ne commencent pour eux qu'à partir du jour de leur mariage, et ce serait donner un effet rétroactif à leurs obligations que de leur demander compte des faits qui ont précédé. Mais si les époux se doivent après le mariage une confiance et une sincérité absolues, ils se les doivent également, et avec plus de force peut-être encore au moment de contracter le mariage. Or, celui qui à cet instant solennel dissimule son passé et cache des faits graves qui, s'ils étaient connus, seraient de nature à empêcher le mariage, celui-là trompe non pas un étranger, mais une épouse qui se donne à lui, car c'est l'épouse qui en ressentira les effets. Et c'est au même moment que l'époux coupable, en laissant son conjoint donner son consentement au mariage, commet une injurieuse réticence et complète sa perfidie. Toutefois les juges doivent apporter une grande réserve dans les faits qui leur sont soumis, et ne prononcer la séparation qu'autant que les faits constituent par eux-mêmes ou par les suites qui en peuvent résulter, une injure grave pour l'époux trompé.

Faut-il appliquer cette décision au cas où l'un des époux a subi avant son mariage une condamnation infamante que l'autre ne connaissait pas ? Aubry et Raux, Proudhon, Toullier, Marcadé enseignent la négative. L'époux trompé, dit-on, aurait dû prendre des renseignements ; et il est présumé avoir connaissance de la condamnation encourue par celui auquel il s'est uni, car les jugements rendus en matière criminelle reçoivent une certaine publicité. La distinction, d'ailleurs, entre le cas où le conjoint du condamné ignorait l'état de ce dernier et celui où il le connaissait, peut être équitable, mais elle est purement arbitraire.

Nous ne suivrons point ce système. Il est certain qu'en fait une condamnation criminelle peut être ignorée, à ce point que la loi elle-même excuse cette ignorance dans certains cas, et d'ailleurs la distinction que l'on fait n'a rien d'arbitraire, du moment qu'on ne voit dans ces hypothèses qu'une question de fait. Que l'on ne soutienne pas non plus qu'il s'agit là d'un fait antérieur au mariage ; car ainsi que le dit M. Demolombe, « l'injure est contemporaine du mariage ; elle s'est consommée avec la célébration, elle s'est encore prolongée depuis !... L'injure n'est plus dans la condamnation infamante ! Elle est dans votre réticence, dans votre coupable et odieuse dissimulation, au moment même de la célébration du mariage ; donc elle est concomitante à la célébration même du mariage. »

Lorsqu'au moment où elle contracte mariage la femme est enceinte d'un autre que de l'époux auquel elle s'unit, et qu'elle dissimule sa grossesse à ce dernier, il résulte de ce fait une injure grave par suite de laquelle le mari qui désavoue l'enfant peut demander la séparation de corps. M. Duranton pense que comme il s'agit ici d'un fait antérieur au mariage, la séparation ne doit pas être prononcée. Nous avons vu que cette opinion ne saurait être admise ; il ne s'agit pas en effet d'une injure antérieure au mariage, mais bien concomitante. Or, la femme au moment où s'est formé le lien conjugal, s'est rendue coupable envers son mari d'un ineffaçable outrage. Il pourra donc demander sa séparation, car il s'agit là non-seulement d'une injure grave, mais d'une injure publique. Faut-il pour que la demande en sépation formée par le mari soit accueillie, qu'il y ait eu accouchement anticipé, suivi du désaveu de l'enfant né avant le 180e jour du mariage ? Cette double condition ne peut être exigée lorsque la grossesse de la femme au temps du mariage peut être établie d'une manière certaine. Lors même que la grossesse est incertaine la demande du mari n'en devrait pas pour cela être repoussée : mais le jugement devrait être suspendu jusqu'à ce que le doute ne fût plus possible, c'est-à-dire jusqu'à l'accouchement. Mais jusqu'alors les époux devront rester provisoirement séparés.

SECTION III

Condamnation à une peine infamante.

La condamnation de l'un des époux à une peine infamante est pour l'autre époux une cause de séparation. En se rendant coupable d'une faute entraînant l'infamie, il a violé ses devoirs envers son conjoint : la loi a dû venir au secours de celui-ci, et lui permettre de faire cesser la vie commune avec celui qui le couvre de honte. Mais cette séparation n'est qu'un soulagement bien imparfait à la triste position qui est ainsi faite à l'époux du condamné. Au moins le divorce, en rompant le lien du mariage, rendait les deux époux étrangers l'un à l'autre ! L'époux innocent pouvait se remarier, et le nouveau mariage qu'il contractait effaçait ainsi la honte que l'infamie de son conjoint avait fait rejaillir sur lui. Mais la séparation fait-elle disparaître ces traces ? Le conjoint du condamné ne reste-t-il pas exposé à tout ce que nos préjugés réservent d'humiliation aux parents, aux alliés qui portent le nom du condamné ?

Pour qu'il y ait motif à séparation, il faut une condamnation à une peine infamante ; une simple accusation ne suffirait pas. Ainsi un homme eût-il été accusé d'un crime capital, le ministère public eût-il conclu à l'application de la peine, si les poursuites se terminent par l'absolution, à cause du

silence de la loi, ou par l'acquittement, grâce à l'admission
de circonstances atténuantes, la séparation n'est pas possible.
Il faut qu'il s'agisse d'une condamnation à une peine infamante. Ainsi il a été jugé que s'il n'y a eu condamnation qu'à
une peine correctionnelle, la demande en séparation ne peut
être accueillie, lors même que l'application de cette peine
n'a été faite à l'époux poursuivi pour crime, qu'en raison de
l'admission des circonstances atténuantes (Paris, 16 juillet
1839.)

Il suffit qu'il y ait eu condamnation : l'expiration de la
peine subie, ou la commutation, ou même encore la grâce
entière accordée par le chef de l'État n'enlèveraient pas à
l'autre époux le droit de demander la séparation de corps.
Aucune de ces causes ne peut en effet effacer l'infamie tant
que le condamné n'a pas été réhabilité. Mais la réhabilitation, qui l'efface, détruit par cela même la cause de la séparation.

La condamnation pour amener la séparation ne doit plus
être susceptible d'être réformée par aucune voie légale. Que
doit-on décider à l'égard de la condamnation par contumace ? M. Toullier ne considère pas cette condamnation
comme définitive, et par suite n'en fait pas une cause de séparation. Mais plusieurs auteurs font une distinction qui doit
être acceptée ; tant que la peine n'est pas prescrite, tant que
le condamné peut se représenter pour faire réformer le jugement, c'est-à-dire avant l'expiration de vingt années, il ne
pourrait y avoir lieu de prononcer la séparation, puisque la
condamnation n'a rien de définitif. Mais après l'expiration
de vingt ans, le jugement n'est plus susceptible de réforma-
tion, la condamnation est définitive, et par suite la séparation peut être admise. La Cour de Paris (6 août 1840) s'est
prononcée en ce sens, et a jugé que la condamnation par
contumace à une peine afflictive et infamante, bien que prescrite par le laps de vingt années, est un moyen de séparation,
et que ce moyen ne peut même être invoqué avant l'expiration de ce délai.

La demande en séparation ne pourrait être rejetée sous prétexte que l'arrêt de condamnation sur lequel elle est fondée est susceptible de révision. La révision est en effet une voie trop extraordinaire pour que sa simple possibilité puisse suspendre l'exercice du droit de l'époux innocent. Admettre cette exception serait d'ailleurs effacer à peu près l'art. 232, car le condamné peut toujours exprimer l'espoir d'une révision, en prétendant que la justice a été trompée par de faux témoignages, en ce qui concerne les faits qui lui étaient imputés.

L'art. 232 s'applique, bien entendu, aux peines prononcées contre l'un des époux, aussi bien lorsqu'elles sont afflictives et infamantes que lorsqu'elles ne sont qu'infamantes. Remarquons ici que la loi a noté d'infamie des peines attachées à certains faits qui flétrissent bien moins ceux qui les ont commis que d'autres faits qui, aux yeux de l'opinion publique, sont bien plus graves, et qui, cependant, n'emportant que des peines correctionnelles, ne frappent pas d'infamie ceux qui s'en sont rendus coupables. Si cette distinction n'avait pas de conséquences pratiques, la loi ne serait que ridicule, car il n'est pas à craindre que l'opinion publique la suive dans de pareilles idées. Mais voyons-en les conséquences : « Si un misérable, dit M. Demolombe, est condamné pour vol à cinq années d'emprisonnement, sa femme ne pourra pas demander la séparation de corps. Elle le pourra au contraire, si son mari est un juge qui a encouru la dégradation civique pour s'être immiscé par un règlement quelconque dans l'exercice du pouvoir législatif (127, c. p.). »

Ainsi donc adultère, excès, sévices ou injures graves , condamnation à une peine infamante, voilà les trois causes qui peuvent seules autoriser la séparation de corps. Les juges ne sauraient en admettre d'autres. Nous avons dit en commençant que le consentement mutuel n'était point admis en matière de séparation , que si en fait les époux convenaient de vivre chacun séparément, cette convention n'avait rien d'obligatoire pas même pour eux ; si l'un des époux veut reprendre la vie commune, il peut l'exiger.

« Ni les revers de fortune, ni les infirmités physiques ou morales, la démence, la fureur même, ni les maladies contagieuses ou les plus repoussantes, fût-ce même, dit Pothier, un cancer au visage, aucun malheur enfin , aucune infortune de l'époux ne saurait être pour l'autre époux une cause de séparation. » (Demolombe.)

L'absence qui, prolongée pendant cinq ans était une cause de divorce sous la loi du 20 septembre 1792, ne peut amener aujourd'hui la séparation, à moins que , comme nous l'avons dit, elle ne constitue un abandon volontaire et par suite une injure grave.

CHAPITRE II.

DES FINS DE NON-RECEVOIR QU'ON PEUT OPPOSER A LA DEMANDE EN SÉPARATION DE CORPS.

Plusieurs fins de non recevoir peuvent s'élever contre la séparation de corps. Nous allons étudier les suivantes : 1° réconciliation; 2° prescription; 3° chose jugée; 4° abandon par la femme de sa résidence provisoire; 5° réciprocité des torts et provocation; 6° mort de l'un des époux.

Section I.

Réconciliation.

Les articles 272-274 du Code Napoléon admettaient la réconciliation comme fin de non-recevoir contre l'exercice de l'action en divorce. Les causes du divorce et de la séparation étant les mêmes, et le législateur n'ayant pas réglé d'une façon spéciale les fins de non recevoir opposables à la séparation, on peut en conclure qu'il a voulu étendre à cette dernière celles admises en matière de divorce. C'était du reste l'avis de Pothier; et cette manière de voir est appuyée sur des principes de raison et de morale. En effet, les causes de séparation sont introduites dans l'intérêt des époux ; car on est libre de renoncer à un droit ouvert. De plus ces causes étant en général la suite d'une offense de l'un des époux envers l'autre, toute offense doit s'éteindre par le pardon de l'offensé.

La réconciliation prouve que l'époux outragé oublie les torts de son conjoint; il ne peut donc être question de réconciliation que quand il s'agit de faits dont l'époux a eu connaissance.

Si l'un des époux n'a pas usé du droit que lui donne la loi de demander sa séparation contre son conjoint qui a été condamné à une peine infamante, peut-on opposer l'exception de réconciliation comme fin de non-recevoir. On a soutenu la négative, en se fondant sur ce qu'il ne pourrait être ici question de réconciliation. La réconciliation, dit-on, suppose une rupture qui éclate après l'adultère, les excès, les sévices, les injures de l'un des époux envers l'autre. Mais il n'en saurait être de même dans le cas d'une condamnation infamante; il n'y a ici aucunes formalités et c'est là une des conséquences légales de la condamnation.

Nous ne pouvons admettre cette opinion : la réconciliation emporte la renonciation de l'époux au droit qu'il avait de faire prononcer la séparation. Or si l'époux victime d'excès, d'injures, peut pardonner, pourquoi n'en serait-il pas de même de celui dont le conjoint a été frappé d'une condamnation qui peut être injuste, qui peut en réalité n'avoir rien de flétrissant. A notre avis on ne doit pas se prononcer d'une façon trop absolue, et dire que l'exception de réconciliation ne sera jamais une fin de non-recevoir, ou qu'au contraire elle devra toujours être admise quand l'époux n'aura pas usé de son droit après la condamnation. L'époux non condamné a pu, par générosité, par un reste de sympathie, continuer à traiter affectueusement l'époux coupable, sans qu'on soit fondé à en conclure qu'il a entendu renoncer à son droit de demander la séparation de corps. Les tribunaux ont donc à apprécier en fait si la conduite de l'époux après la condamnation de son conjoint, est telle qu'on puisse en conclure qu'il lui a pardonné, et que par suite il a renoncé à son droit de demander la séparation. Or admettre que les juges doivent prononcer la séparation de corps par cela seul que le demandeur produit un arrêt de condamnation contre l'autre époux, c'est admettre la séparation comme une suite nécessaire de la condamnation; c'est de plus arriver à ce résultat que l'époux condamné ne pourrait pas intervenir dans l'instance et s'opposer à la demande par le motif que le demandeur a aussi lui encouru une condamnation infamante.

A quels signes, à quels faits peut-on reconnaître qu'il y a eu réconciliation? On ne pouvait poser en cette matière une règle fixe et absolue. La loi, n'ayant pas défini le caractère des faits constitutifs de la réconciliation, s'en est par cela même remise aux lumières et à la conscience des magistrats chargés de les apprécier. Nous allons cependant rechercher les principaux faits dont on peut induire la réconciliation. Il est bien certain que la réconciliation n'a de valeur que quand l'époux outragé a la volonté de pardonner, et que cette volonté ne peut exister que quand il a connaissance des faits qui constituent une cause de séparation à son profit. De même il suffit que la réconciliation ait existé pour qu'elle soit une fin de non-recevoir. Les juges n'auraient pas le droit de la repousser sous prétexte que la réconciliation n'a été que d'une durée très-courte.

Peu importe que les faits de réconciliation ou de renonciation soient antérieurs ou postérieurs à la demande en séparation.

La réconciliation ou la renonciation peut d'ailleurs être expresse ou tacite; si elle n'est que tacite, ce sera une question d'appréciation qui dépendra des circonstances particulières à chaque espèce.

Ainsi il a été jugé que la preuve de la réconciliation résulte suffisamment d'un acte passé entre les époux, par lequel ils sont convenus de faire toutes les dispositions nécessaires pour changer de lieu et d'habitation afin d'aller conjointement se fixer ailleurs (Besançon, 1er juin 1811.)

La cohabitation prolongée jusqu'au jour de la demande en séparation de corps ne peut être opposée comme fin de non-recevoir ; elle ne peut même pas l'être toujours, lorsqu'elle a continué pendant le procès ; tout doit dépendre de diverses circonstances, du temps plus ou moins long de cette cohabitation, de l'intimité plus ou moins grande qui y aura régné, de la condition sociale des époux, suivant qu'ils pouvaient plus ou moins facilement demeurer ensemble ou se séparer.

La grossesse de la femme ne doit pas être admise non plus nécessairement comme une preuve de la réconciliation. Remarquons du reste que la survenance d'un enfant légitime pendant l'instance en séparation ne pourrait être proposée comme fin de non-recevoir, qu'autant que l'époque de la conception serait postérieure aux faits pouvant donner lieu à la séparation. D'ailleurs le moyen de réconciliation tiré de la survenance d'un enfant, ne saurait avoir la même considération que quand il est allégué par le mari.

Il a été jugé que la cohabitation (c'est-à-dire ordonnée et exécutée par jugement) de la femme avec son mari, après l'introduction d'une demande en séparation de corps, et même la grossesse qui en a été la suite, ne sont pas une preuve de réconciliation et ne sont pas une fin de non-recevoir qui mette obstacle à ce que la femme puisse faire valoir soit les faits anciens, soit les faits nouveaux. (Nîmes, 25 février 1808.)

De même le désistement que le mari a donné de la plainte en adultère par lui formée contre sa femme, ne peut être assimilé à une réconciliation, et le mari est admis à demander sa séparation pour cause d'adultère de sa femme.

Si la femme avait abandonné le domicile conjugal, son retour dans ce domicile serait-il une preuve de réconciliation ? La réponse dépendrait des circonstances : ainsi la femme avait-elle abandonné le domicile sans l'autorisation de justice, en y rentrant elle ne fait qu'accomplir un devoir, ce ne serait donc pas un indice de réconciliation. Avait-elle au contraire été autorisée à se retirer dans une autre maison, son retour auprès de son mari pourrait être une fin de non-recevoir à la demande en séparation qu'elle formerait. Cependant même dans ce cas il y aurait à tenir compte des motifs qui l'ont fait rentrer au domicile conjugal.

La preuve des faits sur lesquels est basée la fin de non-recevoir doit être fournie par celui qui l'invoque, de même que c'est au demandeur en séparation à justifier les causes en vertu desquelles il prétend agir. L'aveu du demandeur justifierait pleinement la fin de non-recevoir.

Il arrive souvent que la réconciliation n'est pas de longue durée, et que bientôt une nouvelle demande de séparation est formée. Doit-on prendre en considération pour admettre cette demande les premiers torts allégués par les époux et effacés par la réconciliation ? L'art. 273 permettait d'intenter une nouvelle demande en divorce pour cause survenue depuis la réconciliation et alors de faire usage des anciennes causes pour appuyer la nouvelle demande. Il n'y a aucune raison de ne pas admettre la même décision pour la séparation, et la jurisprudence s'est prononcée en ce sens. Il n'est pas du reste nécessaire que les faits postérieurs soient assez graves pour entraîner par eux-mêmes la séparation. Quelques arrêts exigent cependant que les nouveaux faits soient de nature à faire prononcer la séparation de corps; mais à quoi servirait d'après ce système la disposition de l'article 273 ? Elle serait donc complétement inutile. La doctrine, appuyée par de nombreux arrêts, estime qu'il suffit que les faits nouveaux joints à ceux précédemment allégués présentent un caractère de gravité assez manifeste dans leur ensemble pour justifier la demande. Peu importe du reste que les faits nouveaux ne soient pas de même nature que les faits anciens; des excès, des sévices pourront par exemple faire revivre des injures que le pardon avait effacées. L'article 273 n'exige pas non plus comme condition de la faculté qu'il accorde au demandeur de se prévaloir des faits anciens, qu'ils aient été articulés lors de la première demande. Peu importe aussi que les faits anciens que l'on invoque de nouveau aient été rejetés dans la première instance comme n'étant pas pertinents ou prouvés. Il n'y aurait pas là chose jugée, car ce sont des moyens nouveaux d'une cause nouvelle, et on conçoit que les faits postérieurs peuvent éclairer d'un jour nouveau les faits même antérieurs qui n'auraient pas été reconnus assez graves une première fois.

Section II.

Prescription.

La demande en séparation doit-elle être intentée dans un certain délai à partir du jour où les faits qui peuvent y donner lieu se sont passés ? D'après l'art. 2262, toutes les actions tant réelles que personnelles se prescrivent par trente ans; il semblerait au premier abord que quand les faits sur lesquels on s'appuie pour demander la séparation de corps remontent à plus de trente ans, la prescription devrait être encourue. Telle est en effet l'opinion de Zacchariæ. Un arrêt de la Cour de Rennes, du 28 décembre 1825, admet également cette opinion.

D'après Toullier, ce n'est point le délai trentenaire qu'on doit admettre : « Si les mauvais traitements ou l'inconduite avaient entièrement cessé, et que le silence se fût prolongé pendant une année, sans qu'il fût fondé sur le défaut de liberté, il semble que les tribunaux, à qui la loi laisse sur ce point une grande latitude de pouvoirs, devraient étendre à ce cas la fin de non-recevoir établie par l'art. 957, contre la révocation des donations pour cause d'ingratitude, et déclarer la demande en séparation non recevable à cause de la réconciliation ou de la remise tacite de l'injure. » Cette opinion invoque à tort un texte qui ne s'applique en aucune façon à notre matière et qu'il est donc inutile de faire intervenir ici.

M. Massol enseigne de son côté, que « d'après les art. 637 et 638 du Code d'instruction criminelle, l'action publique et l'action civile provenant d'un délit de nature à être puni correctionnellement, se prescrivent par trois années ; qu'ainsi un époux ne pourra se plaindre de l'adultère de son conjoint après que ce délai sera expiré, et que, par conséquent, il ne serait pas écouté s'il fondait sur ce moyen une demande en séparation de corps. »

Nous n'admettons pas non plus cette troisième opinion. M. Massol ne semble pas considérer que la séparation de corps est une action purement civile qui ne paraît avoir rien de commun avec la prescription établie par le Code d'instruction criminelle. L'art. 637 parle bien, il est vrai, d'action civile résultant d'un délit, etc.; mais qui ne sait que cette action civile n'a pour but que la réparation d'un dommage causé par le fait que frappe la loi pénale ? Or la demande en séparation a un but auquel ne s'est point étendu l'esprit qui a dicté l'art. 637. Si le mari, après l'expiration de trois ans, ne peut plus porter une plainte en adultère contre sa femme, quelle est la loi qui l'empêche d'invoquer cet adultère pour demander sa séparation de corps ?

D'après M. Demolombe, et nous partageons son avis, si la prescription ne peut être invoquée comme fin de non-recevoir, c'est qu'aux termes de l'art. 2253 la prescription ne court point entre époux.

« Supposez par exemple, dit-il, que les époux se sont séparés de fait; l'un d'eux a été victime des excès ou des injures de l'autre, ou bien il a découvert qu'il était odieusement trompé. Pour éviter l'éclat et le scandale d'un procès, ils se sont quittés; ils ont même fait (et il y en a bien des exemples) un arrangement, une espèce de traité pour le partage de leurs revenus... Et vous croyez qu'au bout de trois ans ou de trente ans, l'époux coupable pourra signifier à l'autre qu'il entend reprendre la vie commune, et que l'autre époux sera nécessairement déchu du droit de former une demande en séparation! Mais pourquoi donc, et où voyez-vous la fin de non-recevoir? — Dans un texte? Il n'y en a pas. — Dans l'arrangement amiable des époux? Etrange réconciliation, en vérité, que celle qui consiste à se séparer et à reconnaître que la vie commune est insupportable! »

On pourrait objecter, il est vrai, contre l'application de l'art. 2253 à notre espèce, qu'il ne paraît se rapporter qu'à des prescriptions dont le cours, suspendu pendant le mariage, peut reprendre après le décès de l'un des époux. Il semblerait donc étranger aux actions qui ne peuvent s'exercer que pendant le mariage et par conséquent à une demande en séparation.

Mais l'art. 2253 est absolu et n'admet pas de distinctions; il n'est donc pas permis d'en restreindre la portée en l'absence d'un texte formel de la loi. Il est bien entendu que la question ne pourra jamais se présenter que dans le cas où les époux auront été séparés de fait; car la cohabitation depuis les faits pouvant donner lieu à la séparation, pourrait constituer une réconciliation. Pour que l'exception de prescription pût être invoquée, il faudrait donc d'abord que les faits fussent antérieurs à trente ans, et ensuite qu'aucune réconciliation n'eût eu lieu pendant cet intervalle. Ce n'est que dans ce cas unique que l'art. 2253 pourra être de quelque utilité à l'époux demandeur. Or, trouvera-t-on beaucoup de demandes en séparation dans lesquelles on invoquera des faits trentenaires? On voit donc que l'intérêt de la question est assez restreint.

Section III.

Chose jugée.

L'ancienne jurisprudence décidait qu'une demande en séparation de biens formée sans succès était un obstacle à ce qu'il pût ensuite être formé une demande en séparation de corps. On supposait que l'époux en choisissant la première de ces deux actions, avait renoncé à la seconde, bien que plus sévère. Aujourd'hui il n'en est évidemment plus de même, et personne ne doute que la femme après avoir intenté une demande en séparation de biens dans laquelle elle a succombé, ne puisse intenter une demande en séparation de corps. Ce qui pourrait faire croire qu'il y aurait chose jugée, c'est que la séparation de corps entraînant celle de biens, on pourrait dire que les juges se trouvent appelés à se prononcer deux fois sur la même demande. Avons-nous besoin de faire remarquer qu'il s'agit ici de deux demandes bien distinctes ? Si la séparation de biens est amenée par la séparation de corps, ce n'est que comme accessoire ; d'ailleurs peut-on reprocher à une épouse d'avoir usé de ménagement envers son conjoint, et doit-on la rendre victime de sa générosité ? Tel est, du reste, l'avis de la Cour de cassation et de la jurisprudence. Par une conséquence de la même doctrine, il n'y aurait pas une fin de non-recevoir contre le mari de ce qu'il aurait d'abord fait condamner sa femme correctionnellement pour cause d'adultère.

Il est également facile de comprendre qu'une première instance en séparation de corps dans laquelle on a succombé, ne saurait être un obstacle à ce qu'on en forme une autre basée sur de nouveaux faits.

Nous avons même établi que lorsqu'après un jugement qui rejette une demande en séparation de corps, il survient de nouvelles causes, on peut dans une seconde demande rappeler les faits qu'on avait invoqués dans la première, et qui, à cause de leur isolement ou de leur défaut de gravité, avaient été écartés. Ainsi que nous l'avons dit il n'y a point là chose jugée ; ce sont de nouveaux moyens produits à l'appui d'une nouvelle cause.

On doit de même décider que l'époux peut, dans la seconde instance, invoquer des faits qui lui étaient connus lors de la première, et qu'il n'a pas voulu invoquer par égard pour son conjoint. Ces faits n'ayant pas été soumis à l'appréciation de de la justice, constituent une nouvelle cause de séparation. M. Massol enseigne au contraire que dans le cas où une femme ayant succombé dans sa demande en séparation pour excès ou sévices, s'adresse de nouveau à la justice, en se fondant cette fois sur ce que son mari a été frappé d'une condamnation infamante qui existait déjà lors de la première demande, il y **a** là chose jugée, et que par suite la demande ne peut être accueillie.

Section IV.

Abandon par la femme de la résidence provisoire qui lui a été fixée par le président.

L'art. 268 permet à la femme demanderesse ou défenderesse en divorce de se faire autoriser par justice à quitter le domicile conjugal pendant l'instance et à demeurer dans un endroit qui lui est indiqué. L'art. 269 exige que la femme justifie à toute réquisition de sa résidence dans le domicile indiqué, et faute par elle de faire cette justification, le mari peut, si elle est demanderesse, la faire déclarer non recevable à continuer ses poursuites. Cette disposition est-elle également ment applicable à la séparation ?

Cette question est très-controversée : beaucoup d'auteurs et le plus grand nombre des arrêts se prononcent pour la négative. On prétend que les demandes en divorce et les demandes en séparation diffèrent essentiellement dans leur but et leur manière de procéder.

Voici les principaux arguments qu'on fait valoir :

L'art. 269 est un article d'exception, applicable au divorce seul ; la disposition qu'il contient n'est d'ailleurs qu'une sorte d'exception péremptoire non pas de fond, mais de forme. Or il résulte au contraire de l'art. 307 que la demande en séparation doit être intentée, instruite et jugée de la même manière que toute autre action civile. Les art. 268 et 269 ne doivent donc pas être appliqués à la séparation, puisqu'ils ne contiennent qu'une disposition de procédure.

L'art. 878 du Code de procédure civile montre d'ailleurs bien que les art. 268 et 269 du Code Napoléon ne concernent que le divorce. Il est en effet pour la séparation ce que sont les autres articles pour le divorce ; il établit certaines mesures à peu près analogues, mais avec quelques modifications cependant. Ainsi c'est au président seul qu'il appartient de fixer le lieu où la femme devra habiter pendant l'instance. Quant à la disposition de l'art. 269, elle n'est point reproduite dans l'art. 878.

On ne peut donc étendre à la séparation la déchéance qui est prononcée en matière de divorce ; on le peut d'autant moins que cette déchéance est très-rigoureuse, qu'elle constitue une véritable pénalité ; et que la loi a pu se montrer plus disposée à arrêter les demandes en divorce que les demandes en séparation.

Malgré tous ces arguments et la presque unanimité de la jurisprudence sur ce point, l'opinion contraire nous semble préférable.

Et d'abord, il importe de remarquer que les termes de l'art. 269 ne sont pas conçus d'une façon aussi absolue et aussi impérative qu'on semble le croire : « Le mari *pourra* la faire déclarer non recevable ; » il semble bien que c'est là donner aux juges un pouvoir d'appréciation, et qu'avant de prononcer la déchéance, ils doivent examiner si la femme n'avait pas de justes motifs de quitter la demeure qui lui a été assignée.

Les rédacteurs du Code étaient plus favorables au divorce qu'à la séparation de corps : or peut-on supposer qu'ils l'eussent admise dans un cas où la demande en divorce tombait devant un fin de non-recevoir ?

Quelle sanction aurait l'art. 878 ? Aucune, puisque le Code de procédure n'en établit pas expressément. La femme va donc pouvoir quitter impunément le domicile qui lui a été indiqué ; elle va donc pouvoir se soustraire à la surveillance de son mari. Or remarquons qu'ici le mari a plus intérêt que dans le divorce à surveiller la conduite de sa femme, puisque la séparation ne dissout pas le mariage. Pourquoi ne pas appliquer l'art. 269 ?

Malgré l'art. 307, n'est-on pas obligé plus d'une fois, même en ce qui concerne l'instruction de la demande en séparation, de recourir aux articles relatifs au divorce ?

L'article 878 du Code de procédure nous fournit, d'ailleurs, un argument de plus : il dit que par la même ordonnance, le président autorise la femme à procéder sur sa demande et à se retirer provisoirement dans une maison déterminée. Ainsi, la femme ne peut pas procéder sur la demande si elle n'est pas autorisée par le président ; elle ne doit pas davantage pouvoir suivre cette demande sans observer toutes les conditions de l'ordonnance qui l'autorise, c'est-à-dire sans être obligée de demeurer au lieu indiqué.

Du reste, il a été formellement jugé en ce sens que la femme demanderesse en séparation de corps est non recevable à suivre sur son action, lorsqu'elle ne justifie pas de sa résidence au domicile provisoire qui lui a été indiqué par justice. (Agen, 17 mars 1842 ; Metz, 17 janvier 1855.)

Toutefois, cette fin de non-recevoir n'est pas absolue, en ce sens que, dès qu'elle sera proposée et prouvée, les juges devront l'admettre : ils auront, au contraire, à apprécier les motifs qui ont pu déterminer la femme à quitter son domicile, ainsi que le plus ou moins de temps qu'elle en aura été absente.

Remarquons, en tous cas, que le fait, par la femme, d'avoir abandonné le domicile qui lui avait été indiqué, ne constitue pas une cause de déchéance, mais qu'elle élève seulement une fin de non-recevoir contre la continuation de la poursuite.

Section V.

Réciprocité des torts et provocations.

§ I. *Réciprocité des torts.*

La demande en séparation pourrait-elle être repoussée par une fin de non-recevoir, tirée de ce que l'époux demandeur serait lui-même coupable envers son conjoint de faits semblables, ou de faits d'une autre nature, mais pouvant être aussi contre lui une cause de séparation ?

Les jurisconsultes ne sont pas d'accord sur ce point. Les uns (Duranton, Vazeille, Valette sur Proudhon, Massol) pensent que la réciprocité des torts entre les époux rend la demande en séparation non recevable. Les autres (Marcadé, Demolombe, Dalloz) soutiennent l'opinion contraire.

Une hypothèse, sur laquelle les deux systèmes sont d'accord, est celle où les deux époux ayant été condamnés à une peine infamante, l'un d'eux baserait sa demande en séparation sur la condamnation de son conjoint. Dans ce cas, la demande devrait être rejetée. Que dit, en effet, l'article 232 ? « La condamnation de l'un des deux époux à une peine infamante sera pour l'autre une cause de divorce. »

Il suffit, du reste, de voir quels motifs ont fait admettre cette cause de séparation : on ne doit pas forcer un époux innocent à partager la honte qui s'attache à la condamnation de l'autre époux. « Forcer un époux de vivre avec un infâme, dit M. Treilhard, dans l'Exposé des motifs, ce serait renouveler le supplice d'un cadavre attaché à un corps vivant. » Or, quand un époux a été flétri lui-même par une condamnation, lui sied-il bien de venir invoquer contre son conjoint une condamnation que celui-ci aurait encourue?

Mais pour les autres hypothèses qui peuvent se présenter, l'accord n'est plus le même.

Le principal argument qu'on produit à l'appui du premier système se tire de l'article 336 du Code pénal.

Le mari, qui a tenu une concubine dans le domicile conjugal, ne peut dénoncer l'adultère de sa femme, et la faire frapper de la peine qu'elle encourrait sans cette réciprocité de fautes. Or, s'il avait néanmoins le droit de demander la séparation de corps, il pourrait également faire punir sa femme par application de l'article 308. Donc il a également perdu le droit de demander sa séparation de corps.

En matière criminelle, le délit de l'un n'efface pas le délit de l'autre. Si donc la loi déroge à un principe d'ordre public, pour empêcher la plainte de l'époux coupable, peut-on admettre qu'elle permettra à ce même époux d'agir dans un intérêt privé? Donc il ne peut être déclaré recevable dans sa demande.

Cette solution, une fois posée, on l'applique à toutes les autres hypothèses. L'époux demandeur invoque à l'appui de sa demande des excès, des sévices, des injures, et il s'est lui-même abandonné à de telles fautes envers son conjoint. Serait-il donc juste, serait-il moral d'écouter sa plainte? Ecouterait-on le mari qui, après avoir prostitué sa femme, invoquerait ensuite son adultère pour obtenir la séparation de corps? D'ailleurs, à quel résultat n'arriverait-on pas si la compensation des torts n'était pas admise? Celui des conjoints qui aura été le plus prompt à introduire sa demande jouira de tous les avantages du rôle de demandeur, tandis que l'autre qui n'est pas plus coupable sera frappé de toutes les déchéances.

Nous ne saurions admettre ce système.

L'adultère du mari est une cause de séparation de corps lorsqu'il a entretenu sa concubine dans le domicile conjugal. De même les excès, sévices ou injures graves sont également une cause de séparation. Dès que ces causes seront prouvées, la demande devra être accueillie; et à moins qu'on ne présente un texte formel qui permette d'invoquer une fin de non-recevoir, tirée de la circonstance que le demandeur est lui-même coupable d'adultère, d'excès, sévices, etc., on ne peut prononcer contre lui cette déchéance. Or, il n'existe aucune disposition de la loi à cet égard. Qu'on n'invoque pas ici l'article 336 du Code pénal! car que défend-il? Qu'un mari qui, seul, peut poursuivre sa femme pour adultère, puisse remplir contre elle les fonctions d'accusateur public, quand il est aussi coupable qu'elle. Il siérait mal à un mari qui, sous les yeux de sa femme, a continué un adultère, de requérir lui-même la punition du propre adultère de cette femme. Puisque le mari consent à garder sa femme, qu'il se taise et qu'il pardonne pour qu'il lui soit pardonné. Mais la situation est bien différente quand il demande, au contraire, sa séparation; aussi l'article 336, qui lui défend de poursuivre l'adultère de sa femme, quand il est lui-même coupable de pareille faute, ne lui défend-il point de demander sa séparation.

On nous oppose l'article 308. — Si le mari coupable, dit-on, ne peut, d'après l'article 336 du Code Napoléon, poursuivre l'adultère de sa femme, il arrivera à faire ce que la loi ne veut pas, en demandant sa séparation de corps. Le ministère public ayant connaissance de l'adultère de la femme, requerra contre elle l'application de l'article 308, et l'article 336 sera ainsi éludé.

Nous répondrons à cette objection qu'il ne peut s'agir en cette occasion de l'article 308. Est-ce qu'en effet le tribunal civil ne remplit pas ici l'office de tribunal correctionnel? Or, peut-on admettre qu'il puisse prononcer une peine que le tribunal correctionnel ne pourrait pas prononcer? Pourquoi la femme ne pourrait-elle pas invoquer ici les moyens de défense qu'elle pourrait faire valoir devant un tribunal correctionnel ?

L'article 336 n'est donc point la preuve de la fin de non-recevoir qu'on prétend appliquer ici.

Considérons d'ailleurs le but de la séparation de corps : n'est-il pas de mettre fin à une vie commune, rendue insupportable par suite des excès, des sévices, des injures, de la conduite en un mot de l'un des époux envers l'autre ? Or, parce que les torts seraient réciproques, parce que les motifs de prononcer la séparation seraient au contraire plus nombreux, on refuserait précisément de faire cesser une vie commune dont le scandale blesse cependant la société et l'ordre public. Il nous semble souverainement immoral et dangereux d'admettre que, de ce que les époux ont des torts réciproques, qui donnent à chacun d'eux le droit d'obtenir la séparation de corps, ni l'un ni l'autre ne pourraient la faire prononcer ; de telle sorte que, parce que le mal aurait toute la gravité possible, parce que les époux en seraient arrivés à combler l'un envers l'autre la mesure du mépris et de la haine, parce qu'ils se seraient réciproquement trompés, injuriés, ils seraient irrévocablement enchaînés ! Mais ne serait-ce pas provoquer les époux au crime ; ne serait-ce pas en rendre la loi en quelque sorte responsable ? La haine des époux pour être réciproque, présentera-t-elle moins de dangers ? *Contigit enim*, dit la novelle 140, *ut ex his nonnulli ad mutuas insidias procederent, venenisque et aliis quibusdam, quæ lœthalia essent, uterentur...* »

On nous dit enfin que ne pas admettre la compensation des torts, c'est permettre à l'époux qui le premier aura formé sa demande de jouir de tous les avantages de la position du demandeur, et d'éviter ainsi les peines pécuniaires fort graves qui résultent de la séparation. Le droit d'obtenir la séparation sera donc, dit on, le prix de la cause.

La séparation a en effet des résultats très-graves, soit au

point de vue moral, à cause de l'espèce de déconsidération dont l'opinion publique frappe celui dont la conduite a provoqué la séparation de corps, soit au point de vue pécuniaire en ce qui concerne surtout la révocation des donations. Mais il existe un moyen bien simple d'éviter cet inconvénient : que chacun des époux intente de son côté une demande en séparation. Quel est le texte qui, d'ailleurs, pourrait s'y opposer ; si chacun d'eux est fondé dans sa demande, s'il apporte à l'appui de justes motifs, pourquoi la séparation ne serait-elle pas prononcée au profit de chacun d'eux et contre chacun d'eux ? Tous deux perdront, tous deux gagneront. En principe et en équité, il est très-juste, puisque chacun a également des torts à se reprocher, que la séparation, dans ses effets, ne profite pas plus à l'un qu'à l'autre.

§ 2. — *Provocation.*

Il ne faut pas confondre le moyen tiré de la provocation avec la compensation des torts. Il ne s'agit plus ici d'une fin de non-recevoir, mais d'un élément qui modifie la culpabilité du défendeur, et peut la rendre assez légère pour faire écarter la séparation.

Il est généralement admis que l'inconduite de l'un des époux peut être considérée comme une provocation des excès, sévices ou injures commis envers lui par l'autre époux, et que cette provocation peut être un motif pour faire repousser la demande en séparation. (Valette sur Proudhon, Toullier, Duranton, Massol.)

Cependant une distinction nous semble devoir être faite ici : si l'injure, l'excès suit le fait commis qui peut être considéré comme provocation, il y a lieu alors d'atténuer la faute de l'époux qui s'est laissé aller à une violence, à une injure envers son conjoint. Mais si, au contraire, entre la provocation et le fait injurieux ou l'excès, il s'est passé un certain temps, il est difficile de supposer que l'époux coupable n'a cédé qu'à un moment d'emportement ou de vif ressentiment. Il sera difficile d'y voir autre chose qu'une vengeance, et une intention froidement arrêtée de se porter à un acte coupable envers son conjoint. La provocation ne nous semblerait donc pas dans ce cas devoir être admise comme excuse.

La jurisprudence ne parait pas avoir fait cette distinction que la raison commande cependant. Elle se borne seulement à déclarer d'une façon générale que les violences et les excès ne sont pas une cause de séparation, lorsqu'ils ont été provoqués. (Metz, 7 mai 1807, Rennes, 12 juillet 1813 ; Toulouse, 9 janvier 1824, etc.)

On voit donc toute la différence qui sépare la provocation de la compensation des torts ; pour qu'il y ait provocation il faut qu'il y ait connexité des faits et simultanéité le plus souvent. L'un des faits est la cause de l'autre, et lui sert d'excuse, tandis que dans la compensation les faits peuvent être isolés et indépendants.

Remarquons du reste qu'il s'agit là d'une simple appréciation des faits dont la provocation a pu résulter et qui est laissée à la sagesse des magistrats.

Section VI

Mort de l'un des époux.

La mort de l'un des époux rend la séparation de corps sans objet ; elle éteint donc l'action qui a pour but la séparation. Les héritiers ne peuvent à cet égard intenter l'action qui appartenait à leur auteur. Mais si l'instance était intentée, les héritiers de l'époux demandeur ne pourraient-ils pas la continuer ? C'est une question que nous examinerons plus loin. (Voir ci-dessous, chap. III, section I, § 1er.)

CHAPITRE III.

PROCÉDURE DE LA DEMANDE EN SÉPARATION.

L'article 307 du Code civil déclare que la demande en séparation de corps doit être intentée, instruite et jugée de la même manière que toute autre action civile.

Cependant, il ne faut pas prendre cet article trop à la lettre. Il avait pour but d'établir que les formalités spéciales de procédure employées en matière de divorce, ne seraient pas applicables à la séparation. En effet, bien que cet article assimile entièrement la demande en séparation aux actions ordinaires, nous verrons qu'il existe entre elles de nombreuses différences. Les articles 875-880 du Code de procédure sont, en effet, venus apporter des modifications importantes en cette matière à la procédure ordinaire, et créer des formalités particulières que nous aurons à voir, à mesure qu'elles se présenteront.

Nous diviserons ce chapitre en quatre sections : introduction de la demande, mesures conservatoires ou provisoires, instruction de la demande, jugement.

SECTION I.

Introduction de la demande.

§ 1. *Par qui peut être formée la demande en séparation.*

Dans notre ancien droit, nous avons vu que le mari ne pouvait demander la séparation de corps contre sa femme. Il avait bien contre elle l'accusation d'adultère, qui arrivait au même résultat, car elle entraînait la séparation d'habitation et la réclusion de la femme dans un couvent. Mais les autres causes de séparation ne paraissaient pas sérieuses lorsqu'elles étaient proposées par le mari. Quant aux excès et sévices, la loi pensait que sa force physique devait le mettre à l'abri de tout mauvais traitement de la part de sa femme, et quant aux injures de celle-ci, il ne pouvait, disait-on, s'émouvoir de si peu et il devait les mépriser.

Cette distinction n'a pas été reproduite par le Code. L'article 231 dit expressément que les époux pourront *réciproquement* demander le divorce (ou la séparation) pour excès, sévices ou injures graves de *l'un envers l'autre*. La loi a pensé avec raison que la méchanceté ou la force d'une femme pouvait dépasser ce que son sexe pouvait faire supposer, et que, d'ailleurs, c'eût été laisser sans secours le mari faible ou malade qui ne pourrait se défendre seul.

L'action en séparation est exclusivement attachée à la personne des époux : par suite leurs créanciers ne pourraient, invoquant l'article 1166, exercer ce droit. Comme il ne s'agit là que d'une question d'état, d'une question principale qui est toute personnelle aux époux, les créanciers ne pourraient même pas intervenir dans l'instance sous prétexte qu'ils y ont intérêt, puisque la séparation de corps entraîne celle de biens.

Mais il n'en saurait être de même du tuteur, ou, à son défaut, du subrogé-tuteur de l'époux qui est en état d'interdiction. Le tuteur, en effet, est chargé d'intenter toutes actions au nom de l'interdit ; or, aux termes de l'article 307, la demande en séparation doit s'intenter comme une action civile ordinaire. D'ailleurs, le tuteur est chargé de prendre soin de la personne de l'interdit. Or, pourrait-on laisser sans secours un malheureux interdit dont le conjoint se livrerait à l'adultère, ou aurait subi une condamnation infamante dont la honte rejaillirait sur lui, ou qui, enfin, n'aurait pour lui que des sentiments de mépris et de haine ? (Colmar, 7 février 1832 ; Paris, 21 août 1841 ; Bordeaux, 17 mai 1858 ; etc.)

Si le conjoint de l'interdit est son tuteur, ce sera bien entendu au subrogé-tuteur à intenter la demande. C'est lui, en effet, qui est chargé d'agir toutes les fois que les intérêts du tuteur sont en opposition avec ceux de l'interdit.

Mais le tuteur ne pourra-t-il agir sans l'autorisation du

conseil de famille ? Un arrêt de la Cour de Paris du 21 août 1841 déclare que cette autorisation n'est pas nécessaire. On peut dire, il est vrai, qu'aux termes de la loi le tuteur est considéré comme ayant reçu un mandat général, et qu'il peut agir seul toutes les fois que la loi n'a pas expressément déclaré le contraire. Mais peut-être devrait-on admettre de préférence l'opinion opposée ; le Code nous offre, en effet, plusieurs cas où l'autorisation du conseil de famille est né. cessaire lorsqu'il s'agit de mesures concernant la personne du mineur (175, 468, 510). Or, la gravité et l'importance de la séparation de corps justifieraient suffisamment la nécessité de cette autorisation du conseil de famille.

Nous examinerons ici une question que nous avons posée plus haut (Ch. II, section VI), à savoir si la demande déjà formée par l'un des époux contre l'autre peut être continuée par les héritiers ou successeurs de l'époux demandeur, ou contre ceux de l'époux défenseur.

Cette question est fort importante, soit à cause des dépens souvent très-élevés que nécessite une demande en séparation et qui doivent être supportés par l'époux qui a succombé, soit à cause du préciput qui a pu être stipulé dans le contrat de mariage, soit enfin à cause des avantages dont le jugement entraîne la révocation.

Une opinion qui compte de nombreux partisans (Delvincourt, Duranton, Zachariæ) soutient que l'instance peut être continuée par les héritiers de l'époux demandeur contre le défendeur survivant.

On prétend, dans ce système, que la demande en séparation se propose deux buts : la cessation de la vie commune et la déchéance contre l'époux défenseur des avantages que son conjoint lui avait faits. Si on admet que les avantages pécuniaires ne sont pas révoqués de plein droit, mais simplement révocables, l'époux, en posant des conclutions relatives à ce chef, aura bien montré qu'il poursuivait les deux buts que nous avons indiqués. Devrait-t-on alors laisser sa demande sans solution ? Pourquoi les héritiers de l'époux donateur ne pourront-ils pas alors continuer l'instance, tandis que les héritiers de tout autre donateur le pourront ? (Art. 957.) Si l'on pense, au contraire, que la révocation a lieu de plein droit, sans qu'il soit nécessaire de poser des conclusions à cet effet, ne peut-on pas admettre la même solution et dire que la loi concluant en quelque sorte elle-même à la révocation, les conclusions bien que tacites ne doivent pas perdre le caractère et la portée qu'elles auraient eus si l'époux les avait expressément formulées ?

D'ailleurs, les articles 330 et 957 prouvent que certaines actions que les héritiers ne peuvent introduire, peuvent cependant être continuées par eux quand leurs auteurs les ont intentées.

Du reste, dans le système opposé, on reconnaît qu'il faut bien vider la question des dépens et que cette question ne pourra être jugée qu'en étudiant les faits de la cause. Or, pourquoi n'en serait-il pas ainsi du fond même du procès ?

Malgré toutes ces raisons nous n'adoptons pas ce système.

Et d'abord il est impossible de voir un double but dans la demande en séparation. Si la séparation a été admise par la loi, c'est pour apporter un secours à l'époux pour qui la vie commune n'est plus tolérable et n'est qu'une source de souffrances. Or, l'un des époux mort, la séparation tombe faute d'objet. Soutenir le contraire serait évidemment en méconnaître le but. La mort sépare les époux d'une façon bien plus absolue que le jugement des hommes ne le pourrait faire.

On objecte que la séparation n'a pas seulement pour objet de relâcher les liens du mariage ; qu'elle a des conséquences extrêmement graves et qu'il n'est pas à supposer que l'époux en intentant sa demande n'y ait pas songé. Nous convenons que ces conséquences sont graves ; mais la loi ne voit que des effets accessoires dans les déchéances qu'elle prononce contre l'époux coupable. Pour elle, c'est autant un moyen de prévenir les désordres qu'une punition dont elle les frappe.

Si on voyait dans la séparation deux chefs principaux, un relatif aux époux, l'autre relatif aux biens, les héritiers de l'époux décédé devraient donc pouvoir intenter eux-mêmes l'action sur ce deuxième chef que laisse subsister la mort de l'un des époux. Or, ils ne le peuvent pas. Comment pourraient-ils donc la continuer ?

On prétend que l'époux défendeur, donataire de son conjoint décédé, sera ainsi mieux traité qu'un donataire ordinaire. Il est certain que les héritiers du demandeur pourront demander par une action principale, la révocation des libéralités faites par leur auteur à son conjoint, s'ils se trouvent dans l'une des hypothèses prévues par les articles 955 et 957. En dehors des cas énumérés par ces articles, ce moyen leur fera défaut, il est vrai; mais quelque regrettable que soit ce résultat, nous ne croyons pas que l'on puisse céder pour cela devant la rigueur des principes.

Quant aux articles 330 et 957 qu'on nous oppose, ils nous semblent au contraire plus favorables au système que nous défendons. Si en effet ces articles, dans les cas qu'ils indiquent, donnent formellement aux héritiers le droit de continuer l'action, c'est qu'ils reconnaissent que c'est une dérogation au droit commun : *qui dicit de uno negat de altero*. Or, ici nous ne trouvons aucun texte spécial. D'ailleurs, les héritiers auraient pu intenter eux-mêmes ces deux actions, si leur auteur n'était pas mort avant l'expiration d'un certain délai, tandis que jamais ils n'auraient pu intenter une demande en séparation de corps, après le décès de leur auteur.

Enfin relativement aux dépens, il faudra bien que les juges prononcent. Mais sans qu'il soit besoin d'examiner les torts de chacun des époux et les motifs qu'ils invoquaient, les juges trouveront le plus souvent dans l'article 131 du Code de procédure civile, un moyen de vider la question,

Nous avons supposé jusqu'ici le décès de l'époux demandeur. Les partisans du système que nous combattons semblent, en effet, reconnaître eux-mêmes que l'instance ne pourrait pas être continuée par le demandeur survivant contre les héritiers de l'époux défendeur. En effet, les héritiers du défendeur peuvent ignorer, ignorent même sans doute les moyens de défense, les fins de non-recevoir qu'il pouvait invoquer.

§ 2. *Compétence du tribunal.*

L'instance en séparation de corps est essentiellement civile; c'est donc devant le tribunal civil seul qu'elle doit être portée. Cependant, M. Pigeau enseigne que, lorsque à raison des faits dont l'un des époux a lieu de se plaindre, l'action publique est intentée, l'autre époux peut demander la séparation de corps devant le tribunal criminel saisi de l'action publique. Cet auteur est le seul de son opinion. L'action civile peut être, en effet, intentée et poursuivie en même temps et devant les mêmes juges que l'action publique. Mais l'action civile dont il est question dans l'article 3 du Code d'instruction criminelle, est l'action en réparation du dommage causé. L'action en séparation a un tout autre but, et est d'ailleurs assujettie à des règles particulières.

Le tribunal compétent est celui du domicile du demandeur, et par suite du défendeur, puisque les deux époux ne peuvent jusque-là avoir qu'un seul domicile.

L'ordonnance du président qui renvoie l'époux demandeur à se pourvoir lie-t-elle l'instance, et fixe-t-elle par là le tribunal compétent ?

Ainsi, il peut arriver que, après l'ordonnance qui autorise la femme à résider hors de la maison commune et à former sa demande en séparation, le mari change de domicile. Le tribunal du premier domicile a-t-il été saisi par l'ordonnance du président, ou bien la femme devra-t-elle porter sa demande devant le tribunal du nouveau domicile de son mari ?

On pourrait croire que le président joue surtout un rôle de conciliateur, que la comparution des époux devant lui n'est pas un acte introductif d'instance, et par suite que le tribunal n'est pas saisi parce que la femme a fait comparaître le mari devant le président.

Malgré cela nous croyons que le tribunal du premier domicile est compétent. Le président, en effet, n'est pas simplement conciliateur. La loi le charge aussi, lorsqu'il ne réussit pas dans sa mission de conciliation, de rendre des ordonnances qui lient déjà l'instance.

Quand la femme a été autorisée à habiter hors du domicile conjugal, on ne peut pas dire que les choses sont encore entières. Décider autrement serait donner au mari le moyen de soumettre à des retards et à des difficultés l'exercice du droit de la femme. C'est d'ailleurs le cas d'appliquer la maxime : « *Ibi acceptum est semel judicium, ibi et finem accipere debet.* »

On peut citer à l'appui de cette opinion plusieurs arrêts rendus en ce sens (Cassation, 27 juillet 1825. — Paris, 7 août 1835. — Amiens, 30 avril 1836.)

Les tribunaux français peuvent-ils connaître d'une demande en séparation de corps formée par des étrangers ?

Cette question est très-discutée, et chaque opinion compte de nombreux défenseurs. Nous croyons cependant que les tribunaux français sont incompétents en cette matière.

Prenons d'abord le cas où de deux étrangers non autorisés à demeurer en France, l'un demande sa séparation.

L'époux défendeur pourra-t-il décliner la compétence du tribunal français ? L'incompétence devra être reconnue. En effet, la demande en séparation de corps doit être portée devant le tribunal du domicile commun, c'est-à-dire devant le tribunal du domicile du mari. Or, les étrangers qui ne sont pas autorisés à demeurer en France n'y ont légalement aucun domicile. C'est donc devant le tribunal de leur domicile, c'est-à-dire devant celui de leur pays, que leur demande doit être portée.

Puis d'ailleurs, qu'est la séparation de corps? une action concernant la personne des époux. Or, nous savons que les étrangers sont soumis en France à toutes les lois de leur pays, relatives à la personne, de même que les lois personnelles des Français les suivent en quelque pays qu'ils aillent. Il importe donc que cette demande qui doit être jugée d'après les lois étrangères, le soit aussi par les tribunaux étrangers. La séparation de corps modifie l'état des personnes, porte atteinte aux conventions matrimoniales, diminue l'autorité du mari sur la personne et sur les liens de sa femme. Or, un tribunal français ne pourrait apporter de pareilles modifications à l'état et à la capacité d'un étranger, puisque c'est toujours la loi de son pays qui les régit. Admettre que les juges français peuvent décider dans ces cas, c'est les obliger à connaître les législations de tous les pays; c'est les exposer en tous cas à appliquer mal à propos ces législations. Et si les lois étrangères n'admettent que le divorce; si elles permettent la séparation pour des causes légères, autres que celles indiquées par notre Code, devra-t-on quand même les appliquer en France? On nous répond à cela que les tribunaux auront à apprécier si les dispositions permises par les lois étrangères ne sont pas contraires aux lois françaises, aux bonnes mœurs, à l'ordre public. Ainsi, les lois étrangères pourront donc ne pas être appliquées dans leur intégrité! Les juges français seraient donc obligés de composer une législation mixte, ne comprenant des lois étrangères que ce qui ne leur semblerait pas en désaccord avec les lois françaises. Et d'ailleurs, si la mesure ordonnée par nos tribunaux n'est pas usitée et reconnue dans le pays de l'étranger, comment alors exécuter la décision qui aura été rendue?

Non-seulement nous croyons que les tribunaux français, saisis d'une demande en séparation par des étrangers, peuvent se déclarer incompétents sur l'exception proposée par le défendeur, mais même qu'ils le doivent d'office, et qu'ils en peuvent garder une cause que les parties sont cependant d'accord pour leur soumettre. Nous pensons en effet que l'incompétence des tribunaux français en cette matière est absolue, qu'elle est d'ordre public, que par conséquent elle peut-être invoquée en tout état de cause.

Quant aux étrangers qui ont été autorisés à demeurer en France, on pourrait nous dire qu'ils jouissent de tous les droits civils, et que par conséquent ils ont le droit de se faire rendre justice par les tribunaux français ; qu'ayant un domicile reconnu ils peuvent être assignés devant le tribunal de ce domicile, et que par conséquent nous ne pouvons faire valoir contre la compétence du tribunal français l'argument fondé sur l'absence d'un domicile légal ; qu'enfin refuser aux étrangers autorisés à résider en France, le droit de se faire juger par nos tribunaux, c'est leur faire une position fâcheuse et très-défavorable, puisque ces étrangers qui auront la plupart du temps abandonné leur pays sans aucun esprit de retour, qui peut-être seront déjà depuis de nombreuses années fixés en France, seront obligés d'aller soumettre leurs différends aux tribunaux d'un pays où ils n'ont peut-être conservé aucune attache.

Tout en reconnaissant ce que cette position a de fâcheux pour eux, nous n'en persistons pas moins dans notre opinion. Si, en effet, les étrangers autorisés à résider en France y acquièrent un domicile légal, s'ils jouissent de tous les droits civils, il n'en est pas moins vrai qu'ils restent cependant soumis à toutes les lois de leur pays relatives à la personne ; par conséquent, c'est aux tribunaux étrangers seuls qu'il appartient de juger toutes les questions qui peuvent se rattacher à cette matière.

Il est d'ailleurs un point sur lequel on est généralement d'accord ; c'est que les tribunaux français peuvent toujours ordonner les mesures provisoires pour ce qui intéresse la sûreté et les droits des époux résidant en France, et mettre fin à des faits qu'on peut considérer comme troublant l'ordre public, et tels sont les excès, les injures publiques. Les tri bunaux devront dans ce cas fixer un délai dans lequel l'époux demandeur devra faire statuer sur sa demande par les juges compétents. (Paris, 23 juin 1835.)

§ 3. *Préliminaires de conciliation.*

La séparation de corps pourrait être souvent demandée par un époux dans un premier moment de ressentiment, et la demande une fois formée, tout rapprochement serait souvent plus difficile entre les époux. La loi a donc sagement fait en les obligeant à comparaître devant le président du tribunal qui doit, avant d'autoriser la demande, faire ses efforts pour amener une réconciliation. C'est afin de ne laisser les époux plaider en séparation que si tous les moyens de rapprochement ont été épuisés, que les articles 875 à 879 du Code de procédure civile ordonnent que la tentative de conciliation au lieu d'être faite comme dans les affaires ordinaires devant le juge de paix, le soit au contraire ici devant un magistrat d'un rang plus élevé. « L'ordre public, dit M. Berlier, dans l'exposé du projet du Code de procédure au Corps législatif, serait peu satisfait, si l'on ne procédait aux voies conciliatrices que comme dans les causes ordinaires. Il faut, à raison de la gravité des circonstances, un magistrat plus éminent pour exercer le ministère de paix et de conciliation. »

On a soutenu pendant quelque temps que les époux après avoir comparu devant le président devaient se présenter, avant d'intenter la demande, devant le juge de paix. L'article 879 dit que si les époux ne peuvent être conciliés, le président « les renvoie à se pourvoir, sans citation préalable devant le bureau de conciliation. » Une virgule mal à propos placée après les mots « sans citation préalable », avait fait tomber dans cette erreur, qui n'est guère admissible, si l'on réfléchit que la loi a précisément constitué conciliateur le président du tribunal pour les séparations de corps, au lieu du juge de paix. Il est d'ailleurs manifeste qu'une seconde tentative, après que la première aurait échoué devant le président, n'aurait pas eu plus de chance de réussir devant le juge de paix.

En règle générale, une femme ne peut intenter un procès qu'avec l'autorisation de son mari; en matière de séparation de corps, il ne pouvait en être ainsi, car le mari eût le plus souvent refusé de donner une autorisation qui aurait tourné contre lui. Aussi n'exige-t-on pas cette autorisation. La femme mineure n'a pas besoin non plus dans ce cas de l'autorisation d'un tuteur ou curateur, ni de l'avis d'un conseil de famille.

L'époux qui veut demander sa séparation de corps, doit présenter au président du tribunal de son domicile une requête contenant sommairement les faits sur lesquels il fonde sa demande, et y joindre les pièces à l'appui, s'il y en a.

Sur cette requête le président rend une ordonnance portant que les époux comparaîtront devant lui au jour qu'il indique.

L'article 877 exige que les parties comparaissent en personne, et se présentent seules devant le président, sans pouvoir même être assistées d'un conseil ou d'un avoué. On veut, en effet, qu'elles soient libres de toute influence étrangère, espérant qu'elles céderont plus vite aux exhortations et aux conseils du président que si quelque autre personne assistait à cette tentative de conciliation.

Si au jour indiqué, après que l'ordonnance a été signifiée au défendeur, avec sommation de comparaître, le demandeur ne se présente pas, il semble ainsi renoncer à sa demande. Cependant il faudrait tenir compte des circonstances. Ainsi une maladie ou toute autre force majeure serait une excuse suffisante. Le président devrait-il, sur l'attestation de maladie et sur l'invitation du demandeur, se transporter au domicile de celui-ci pour y essayer de concilier les époux ? M. Demolombe et M. Massol sont de cet avis, bien que la loi n'en fasse pas un devoir au magistrat. C'est à lui de juger la conduite qu'il doit tenir à cet égard ; du reste, en pratique, ce déplacement ne doit pas se produire bien souvent.

Si le défendeur ne comparaît pas, la loi n'indique aucun moyen de contrainte contre lui ; mais sa mauvaise volonté et son refus persistant ne pourraient paralyser plus longtemps l'action du demandeur. Le président pourra donc, après avoir adressé toutes les remontrances qu'il croira devoir faire au demandeur, lui permettre de poursuivre sa séparation. Si le défendeur était empêché par maladie ou toute autre cause légitime de se déplacer, peut-être pourrait-on prendre quelque mesure, comme, par exemple, nommer une commission rogatoire pour recevoir ses observations, si l'endroit où il se trouve était trop éloigné.

Le président jouit du reste à cet égard de la plus grande latitude. La loi lui permet d'adresser toutes les observations et exhortations qu'il jugera utiles aux époux. Ainsi, s'il pense que ses efforts finiront par réussir, dans le cas où il appellerait les époux devant lui à diverses reprises, il peut même exiger plusieurs comparutions. La loi n'en demande qu'une, il est vrai ; mais elle ne statue que sur ce qui se passera la plupart du temps. La première comparution suffira, en effet, le plus souvent pour réconcilier les époux ou pour montrer que toute nouvelle tentative serait inutile. Cependant, si après plusieurs comparutions les époux persistaient à ne pas se réconcilier, le président serait mal fondé à empêcher plus longtemps le demandeur à poursuivre son action. En cas de non-conciliation, aucune disposition n'impose au président l'obligation de renvoyer immédiatement les époux à se pourvoir. Ainsi il a été jugé qu'il peut ordonner le sursis lorsque les circonstances de la cause l'y autorisent, et qu'il peut ajourner les époux à trois mois, par exemple. (Paris, 20 mai 1844.)

La demande en séparation doit toujours être précédée de la comparution devant le président. N'est-il pas cependant des cas où cette comparution n'est pas nécessaire ?

Un cas sur lequel tous les auteurs sont d'accord est celui où il s'agit de la demande en séparation formée par le tuteur d'un interdit. Il n'y a point ici de conciliation possible. Qui, en effet, pourrait-on faire comparaître ? L'interdit n'a pas la capacité voulue pour donner un consentement valable; quant au tuteur, que pourrait-il répondre aux exhortations du président, quelles promesses pourrait-il faire, puisque ce serait promettre le fait d'autrui. Et d'ailleurs s'il a été autorisé par le conseil de famille à former une demande en séparation, ce n'est pas pour pouvoir s'en désister aussitôt après.

De même la comparution n'est pas plus nécessaire dans le cas où l'interdit est défendeur à la séparation. Lui seul, en effet, pourrait répondre aux reproches de son conjoint. Il est, d'ailleurs, un autre motif pour justifier cette manière de procéder, c'est qu'aux termes de l'article 49 du Code de procédure, les demandes qui intéressent les interdits sont en général dispensées du préliminaire de conciliation.

Lorsque la demande en séparation est fondée sur la condamnation de l'un des époux à une peine infamante, est-il nécessaire que les époux comparaissent en conciliation devant le président ?

Cette question est très-controversée; on se fonde, pour soutenir la négative, sur l'article 261 qui était ainsi conçu : « Lorsque le divorce sera demandé par la raison qu'un des époux est condamné à une peine infamante, les seules formalités à observer consisteront à présenter au tribunal de première instance une expédition en bonne forme du jugement de condamnation avec un certificat de la Cour d'assises portant que ce même jugement n'est plus susceptible d'être réformé par aucune voie légale. »

Quel résultat, en effet, pourrait-on espérer d'une pareille tentative ? L'époux qu'a flétri la justice est devenu pour son conjoint un objet de mépris; on conçoit donc que celui-ci cherche à se séparer de celui avec lequel la vie commune serait impossible. Or, comment veut-on que le président puisse, dans de pareilles circonstances, remplir avec succès son rôle de conciliateur, quand il se trouve en présence de faits reconnus par la justice, et qui, par l'effet de la condamnation qui y est attachée, constituent un des plus graves outrages qu'un époux puisse reprocher à son conjoint? Que pourrait d'ailleurs répondre celui-ci? Opposera-t-il son repentir? L'application de l'article 261 n'a donc rien que de très-raisonnable. Le divorce et la séparation étant admis pour la même cause, pourquoi irait-on exiger dans un cas une procédure plus rigoureuse que dans l'autre? Cette opinion est appuyée sur plusieurs arrêts rendus en ce sens. (Colmar, 15 juillet 1846; Paris, 6 août 1840, 10 août 1847.)

Nous suivrons cependant l'opinion contraire. Tout en reconnaissant que la tentative de conciliation sera la plupart du temps sans succès dans le cas qui nous occupe, nous ne croyons pas que l'article 261 puisse être ici appliqué. Nous n'avons pas d'ailleurs à nous préoccuper du résultat plus ou moins heureux que pourra avoir la comparution; nous n'avons pour nous décider que le texte de la loi.

Aux termes des articles 307 du Code Napoléon et 879 du Code de procédure, la demande en séparation doit être intentée, instruite et jugée de la même manière que toute autre action civile. L'article 261 était, du reste, en vigueur au moment où l'article 307 a été rédigée. Or, l'article 307 se prononce d'une façon absolue et ne fait aucun renvoi à l'article 261. Le mode de procéder indiqué par ce dernier article constitue d'ailleurs une dérogation trop grave au droit commun pour qu'on puisse étendre au-delà du cas qu'il indique l'exception qui est déterminée. Il est vrai que pour la procédure de séparation, en l'absence de dispositions expresses de la loi, on recourt quelquefois aux formalités et aux règles usitées en matière de divorce, comme par exemple à l'article 251; c'est qu'en effet les deux instances suivaient la même voie; mais l'article 261 contient une exception trop exorbitante au droit commun, pour qu'il puisse être appliqué à la procédure de séparation.

La demande reconventionnelle en séparation formée par l'époux défendeur est-elle dispensée du préliminaire de conciliation ?

M. Massol enseigne la négative. Nous croyons que l'affirmative est préférable. La loi ne dit pas que l'on doive ici faire une exception à la règle que les affaires reconventionnelles ne sont pas soumises au préliminaire de conciliation. Admettre cette exception serait refuser au défendeur la faculté de former une demande reconventionnelle. On ne voit pas non plus quel avantage les parties pourraient retirer de ce que l'on ferait résulter cette exception de la nature particulière de la demande en séparation. L'époux qui se défend, en prenant lui-même le rôle de demandeur, montre assez qu'il n'a pas l'intention de se réconcilier. Quant au demandeur originaire, qui n'a pas cédé aux remontrances du président, et a persisté dans sa demande, il n'est pas à supposer que l'attaque dont il est l'objet de la part de son conjoint, loin de le faire revenir de sa première détermination, puisse provoquer en lui autre chose qu'une nouvelle irritation.

La jurisprudence s'est généralement prononcée en ce sens, et nous pourrions citer de nombreux arrêts à l'appui de notre système. Un arrêt de la Cour de Rennes du 26 décembre 1820 admet l'opinion contraire, mais les motifs sur lesquels il est fondé ne nous semblent pas décisifs.

L'article 235 décidait que si quelques-uns des faits allégués par l'époux demandeur, donnaient lieu à une poursuite criminelle de la part du ministère public, l'action en divorce serait suspendue jusqu'après l'arrêt de la cour d'assises ; qu'alors elle pourrait être reprise, sans qu'il fût permis d'inférer de l'arrêt aucune fin de non-recevoir contre l'époux demandeur.

Il n'y a pas de raison pour ne pas appliquer cet article à

la séparation. Les motifs sont en effet les mêmes dans les deux cas. Il ne convient pas en effet que quand un époux est poursuivi pour un fait criminel par le ministère public, son conjoint puisse en même temps, en intentant une demande en séparation, se faire son dénonciateur, ou tout au moins aggraver sa position. L'époux demandeur n'aura du reste rien à craindre pour avoir attendu. Son conjoint est-il acquitté, la loi dit que l'arrêt ne saurait en aucun cas constituer une fin de non-recevoir à la demande en séparation. Il se peut d'ailleurs que des faits qui d'après la loi ne constituent pas des crimes peuvent cependant être une cause de séparation. Y a-t-il eu condamnation à une peine infamante, ce sera un motif nouveau pour la séparation. La condamnation n'est-elle pas à une peine infamante, les juges du procès en séparation auront la faculté non pas de remettre en question la vérité des faits eux-mêmes, mais d'en apprécier la gravité et le caractère, eu égard aux conséquences spéciales que le demandeur prétend en tirer.

Lorsque le président n'a pu concilier les époux, il rend à la suite de la première ordonnance fixant la comparution, une seconde ordonnance par laquelle il autorise le demandeur à intenter son action en séparation. Cette ordonnance contient en même temps certaines dispositions provisoires que nous étudierons plus loin.

Le Code de procédure exige, quand la conciliation, en matière ordinaire, a lieu devant le juge de paix, un procès-verbal des dires et observations des parties, (art. 45.) Rien de semblable n'est exigé en matière de séparation. L'article 239 du Code Napoléon ne serait pas plus applicable ici. Le président se borne à déclarer qu'il n'a pu concilier les époux.

§ 4. *Formalités de la demande.*

Le demandeur en séparation doit faire signifier à son conjoint l'ordonnance du président qui l'autorise à suivre sur sa demande, et l'assigner en même temps devant le tribunal pour voir prononcer la séparation. L'exploit d'assignation n'est pas soumis du reste à d'autres formalités que les exploits ordinaires; nous n'avons donc aucune règle spéciale à signaler.

La demande en séparation de corps doit-elle être rendue publique comme celle en séparation de biens? M. Pigeau prétend qu'on doit observer les mêmes formalités dans les deux cas, parce que la séparation de corps entraîne celle de biens, et qu'il y a la même raison de décider en faveur de la publicité. « On objectera peut-être, dit-il, qu'on peut supposer quelque collusion entre époux qui plaident en séparation de biens, tandis qu'une telle collusion est invraisemblable entre les époux qui plaident en séparation de corps. Mais ce n'est pas seulement pour prévenir cette collusion que l'on exige la publicité de la demande en séparation de biens; c'est pour avertir les créanciers de veiller à la conservation de leurs droits..... Si l'on décidait que la demande en séparation de corps ne doit point être publiée, des époux qui voudraient se séparer de biens de concert sans rendre la demande publique, prendraient le détour d'une demande en séparation. »

Malgré ces raisons, le plus grand nombre des auteurs ne partagent point l'opinion de M. Pigeau. Si, en effet, la séparation de corps amène toujours celle de bien, il n'en est pas moins vrai qu'elles sont complétement distinctes l'une de l'autre et quant à leur but et quant à leurs effets. D'ailleurs obliger les époux qui veulent se séparer à rendre publique leur demande, ne serait-ce pas leur enlever le dernier espoir de réconciliation? Ne serait-ce pas rendre plus profond et plus irréparable le dissentiment qui existe entre eux sans qu'il en puisse résulter aucune utilité, aucun avantage pour personne, puisque les créanciers ne peuvent même pas intervenir à l'instance?

Section II.

Mesures conservatoires et provisoires.

La demande en séparation indique dans la société conjugale un état de crise qui exige des modifications immédiates. La situation que les époux ont l'un vis-à-vis de l'autre par suite du ressentiment qui s'est élevé entre eux et que la demande en séparation n'a fait qu'aggraver, demande impérieusement à ne pas être maintenue jusqu'à l'issue du procès en séparation. Il importait donc de pourvoir provisoirement aux nécessités de cette situation nouvelle. C'est ce qu'a fait le législateur. Mais les dispositions qu'il a prises à cet égard ne concernent que le divorce. La séparation n'a pas été l'objet de la même attention ; aussi les auteurs et la jurisprudence sont-ils unanimes pour décider que les dispositions relatives au divorce doivent être étendues à la séparation de corps. L'analogie des situations ne permet pas en effet de douter que le législateur n'ait implicitement autorisé cette extension des articles 267-271 du Code Napoléon.

Les mesures provisoires déterminées par ces articles et par l'article 878 du Code de procédure, sont relatives : 1° à la personne des enfants, 2° à la personne des époux, 3° à leur intérêts pécuniaires.

§ 1. *Mesures relatives aux enfants.*

« Quoique l'action en divorce, dit Demante, tendît à la dissolution du mariage, et par conséquent à l'anéantissement de la puissance maritale, il est clair que cet anéantissement ne pouvait résulter de la simple demande formée, à tort ou à raison, par l'un des époux. C'est donc au mari que la loi réservait, en général, pendant l'instance, l'exercice de l'autorité paternelle, et, par conséquent, l'administration provisoire des enfants communs. Mais l'intérêt de ceux-ci devant prévaloir sur tout, il fallait bien laisser au tribunal le pouvoir d'en ordonner autrement pour leur plus grand avantage. Le droit de provoquer à cet égard une mesure était expressément accordé à la mère, à la famille et au ministère public. »

C'est, en effet, ce qui résulte de l'article, et que nous appliquerons à la séparation. L'article 267 est ainsi conçu : « L'administration provisoire des enfants restera au mari demandeur ou défendeur en divorce, à moins qu'il n'en soit autrement ordonné par le tribunal sur la demande soit de la mère, soit de la famille ou du ministère public pour le plus grand avantage des enfants.

La première partie de cet article ne fait que confirmer le droit commun, et l'article 373 aurait suffi pour laisser au père, jusqu'au jugement, l'administration de ses enfants. Mais la seconde partie de l'article 267 fait précisément une dérogation au droit commun, si justifiée en elle-même, si indispensable, qu'on ne doit pas hésiter à l'étendre à la séparation de corps.

C'est le tribunal qui est chargé de statuer sur la question de la garde des enfants, à la demande, soit de la mère, soit de la famille, soit du ministère public. La loi, en parlant de la famille, avait en vue une disposition de la loi du 20 septembre 1792, qui portait qu'une assemblée de famille délibérerait sur la question de savoir auquel les enfants seraient confiés. Il ne suffit donc pas que le tribunal soit saisi de la demande d'un parent ou même de plusieurs parents isolés, il faut que cette demande émane d'un conseil de famille.

Le président du tribunal peut-il statuer provisoirement sur l'administration des enfants ?

L'article 878, qui est relatif à la comparution des parties devant ce magistrat et qui lui permet de prendre certaines mesures provisoires, ne dit rien de la garde des enfants. Il semble donc naturel de décider, d'après l'article 267, que c'est au tribunal à statuer sur cette question.

« Cependant, dit M. de Belleyme, il est souvent nécessaire et urgent que le président statue à l'instant même sur la garde provisoire des enfants sans attendre le jugement sur les demandes provisoires. »

Il est certain que l'article 806 du Code de procédure, en autorisant le président à statuer en référé dans les cas d'urgence, lui permet par cela même de décider ce qui sera nécessaire pour la garde des enfants, quand il y aura urgence à le faire, et qu'on ne pourra sans inconvénients attendre que le tribunal se prononce sur cette question. Mais ce ne doit être là qu'une exception ; c'est, en effet, le tribunal entier qui aux termes de l'article 267 doit prononcer; on doit d'autant plus le décider en ce sens que le mot *juge*, qui se trouvait d'abord dans le projet, a été remplacé pour éviter toute équivoque, par le mot *tribunal*. La mesure par laquelle on enlève à un mari l'administration, même provisoire de ses enfants, est, d'ailleurs, assez grave et porte assez atteinte à ses droits de puissance paternelle pour qu'on exige que le tribunal entier délibère à ce sujet.

Il n'y pas lieu de douter que les époux puissent, d'un commun accord, laisser les enfants à la garde d'un tiers pendant le procès. Dans ce cas le tribunal n'aurait pas à se prononcer, puisqu'il n'y aurait pas de conclusions prises de ce chef, et que par suite ce point ne serait pas soumis à son appréciation.

Si les parties n'étaient pas d'accord à cet égard, les juges ne pourraient-ils pas désigner un tiers qui serait chargé de la garde des enfants ? Les parents ont bien, il est vrai, la surveillance et l'administration de leurs enfants. C'est pour eux à la fois un devoir et un droit, et nul ne semblerait devoir empiéter sur leur pouvoir. Mais l'art. 267 est conçu cependant en termes généraux qui ne font pas croire que les tribunaux ne puissent confier leurs enfants qu'au père et à la mère ; d'ailleurs ces mots « pour le plus grand avantage des enfants, » semblent assez les autoriser à remettre l'administration des enfants à toute autre personne que les père ou mère, s'ils le croient nécessaire. La jurisprudence a d'ailleurs admis cette manière de voir.

Il est bien évident que l'intérêt des enfants étant le seul guide à suivre en cette matière, il y aura lieu de changer de décision aussi souvent que le plus grand avantage des enfants exigera qu'on prenne une disposition nouvelle. Le tribunal pourra donc revenir soit pendant l'instance en séparation, soit après le jugement sur sa décision. Les mesures qu'il a prises ne le lient point. Si la personne à laquelle les enfants ont été confiés se montre indigne de sa mission, il est urgent de les remettre sous la conduite d'un guide plus sûr.

De même l'accord volontaire qui serait intervenu entre les époux sur la garde de leurs enfants, n'a rien non plus d'irrévocable, et l'un d'eux peut toujours s'adresser à la justice pour qu'elle ait à décider sur ce point.

Celui qui a été chargé de la garde des enfants ne devrait pas être écarté si, après son acceptation, il demandait à être déchargé de sa mission ; il est lié en effet par le jugement auquel il a donné son adhésion, en consentant à prendre soin des enfants. Mais il n'en serait cependant pas ainsi, s'il était survenu des événements qui, en modifiant sa position, lui rendissent cette charge trop onéreuse. On devrait se montrer plus difficile si c'était le père ou la mère qui demandait à être déchargé de l'administration de ses enfants.

Lorsque l'un des époux n'exécute pas les conditions sous lesquelles la garde des enfants lui a été confiée, peut-on la lui retirer ?

La solution de cette question dépend des circonstances : si les conditions fixées sont essentielles au bien-être, au plus grand avantage des enfants, il est évident qu'on devrait retirer la garde de ces enfants à l'époux qui en a été chargé. Quand au contraire ces conditions ne sont qu'accessoires, l'époux ne pourrait pas en être privé. Ainsi il a été jugé que, lorsque la garde de l'enfant en bas âge a été provisoirement attribuée au père pendant l'instance en séparation de corps, sous la condition que le père le ferait conduire périodiquement au domicile séparé de la mère, l'inexécution de cette condition ne suffit pas pour priver le mari de la garde de l'enfant, s'il n'est pas contesté que celui-ci reçoive tous les soins que son âge réclame. (Bordeaux, 18 janvier 1841.)

§ 2. *Mesures relatives à la personne des époux.*

Il importait essentiellement de ne plus forcer les époux à continuer pendant l'instance en séparation une vie commune qui leur était déjà intolérable auparavant, et que l'introduction de la demande n'a pu que rendre plus pénible. Il y avait là un inconvénient grave, et même un danger sérieux à éviter, les époux pouvant dans un accès d'irritation extrême se laisser aller à des excès regrettables l'un envers l'autre. Aussi l'art. 268 permettait-il à la femme demanderesse ou défenderesse en divorce de quitter le domicile conjugal pendant l'instance, et de se retirer dans une maison qui lui était indiquée par le tribunal.

Cette mesure devait être également appliquée à la séparation, et il n'aurait pas été nécessaire de porter une disposition expresse à cet égard, les motifs de le décider étant les mêmes dans les deux cas. Cependant le Code a reproduit dans l'art. 878 du Code de procédure, mais avec une modification, la disposition de l'art. 268.

« Le président, y est-il dit, autorisera par la même ordonnance la femme..... à se retirer provisoirement dans telle maison dont les parties seront convenues, ou qu'il indiquera d'office. Il ordonnera que les effets à l'usage journalier de la femme lui seront remis; les demandes en provision seront portées à l'audience. »

Ainsi c'est le président et non pas le tribunal comme pour le divorce, qui autorise la femme à quitter la maison commune. Le président ne peut refuser d'indiquer à la femme une résidence provisoire autre que le domicile conjugal. (Nancy, 17 août 1854.) Peu importe au reste que la femme soit demanderesse ou défenderesse. L'art. 878 ne fait aucune distinction, et ne déroge d'ailleurs nullement à l'art. 268. M. Vazeille prétend cependant que si la femme est défenderesse, c'est au tribunal qu'appartient le droit d'indiquer la résidence provisoire. Nous ne voyons pas quelles raisons il pourrait y avoir pour faire cette distinction. En autorisant la femme à se retirer du domicile conjugal, le législateur n'a pas voulu seulement la protéger, mais aussi séparer deux adversaires dont l'exaspération ne pourrait que s'accroître par suite de la nécessité de la cohabitation. C'est donc une mesure qui est commandée par la situation, et qui offre un caractère d'extrême urgence ; laisser le soin de décider cette question au tribunal, c'est en retarder la solution. Or il peut être aussi urgent de la trancher avec célérité quand la femme est défenderesse que quand elle est demanderesse.

Dans quel lieu doit être fixée la résidence provisoire ? L'article 878 dit d'une façon générale que le président autorisera la femme à se retirer *dans telle maison* dont les parties seront convenues, ou *qu'il indiquera d'office*. Bien qu'aucune limite n'ait été assignée au pouvoir du président, la doctrine et la jurisprudence ont cependant cru devoir en fixer une. Ainsi la Cour de Paris a décidé le 4 décembre 1810 que pendant l'instance en séparation, la femme ne pouvait être autorisée à prendre une résidence hors de l'arrondissement du tribunal dans lequel le mari a son domicile, et qu'elle devait être placée près de celui-ci et sous sa surveillance.

Il est manifeste qu'il peut être avantageux que la femme réside dans cet arrondissement pour que le mari puisse surveiller sa conduite et qu'elle soit elle-même plus à portée de poursuivre l'instance, sa présence pouvant même fournir l'occasion d'un rapprochement, d'une réconciliation. Mais l'arrêt que nous venons de citer se prononce d'une façon trop absolue, et il ne faudrait pas le généraliser. Il peut en effet arriver que la femme n'ait pas de parents dans l'arrondissement où le mari a son domicile, mais que sa famille réside dans un autre arrondissement : ne vaudra-t-il pas mieux l'autoriser à demeurer dans cet arrondissement chez ses parents, plutôt que chez un tiers dont la maison n'offrira d'autre avantage que celui d'être située dans l'arrondissement du domicile du mari ? « Tout cela, d'ailleurs, dit M. Demolombe, ne constitue qu'une question de convenance et d'appréciation abandonnée à l'arbitrage du magistrat. »

Le mari peut lui-même demander que sa femme soit éloignée de la maison conjugale ; peut-être est-il âgé, infirme ; peut-être même est-il maltraité par sa femme dont la colère et la méchanceté redoubleront après l'introduction de la demande en séparation.

Les articles 268 du Code Napoléon et 878 de procédure supposent toujours que le mari restera au domicile conjugal, et que la femme sera autorisée à se retirer ailleurs. Mais le président ne pourrait-il pas autoriser la femme à rester dans la maison commune, en ordonnant au mari de chercher ailleurs un autre domicile ? Il semble au premier abord que cette décision est contraire aux principes et aux textes. Ne serait-ce pas porter en effet une grave atteinte à l'autorité du mari que de l'expulser de son propre domicile pour y laisser sa femme seule ? De plus l'article 878 dit que le président autorisera la femme à se retirer *dans telle maison,* etc. Or, ces mots ne semblent pas signifier que le mari pourra être contraint d'abandonner son domicile à sa femme.

Il est cependant plus d'un motif pour reconnaître ce pouvoir au président. La loi dit en effet que les époux pourront convenir entre eux du domicile que la femme devra habiter. Or, cette convention ne peut-elle pas désigner le domicile conjugal, le mari ne peut-il pas consentir à aller habiter ailleurs ? Du moment que la loi admet sur ce point les conventions des parties, qui sont le plus souvent détermi- nées par leur intérêt, il est presque impossible de ne pas permettre au président de prendre une décision qui sauve- garde les intérêts des époux et des enfants.

La solution de cette question dépendra entièrement des circonstances. Supposons en effet une femme qui fait un com- merce dont son mari ne s'occupe pas. La présence de la femme est indispensable à ses affaires; si elle abandonne sa maison, son commerce est ruiné ; les seules ressources qu'elle possède pour elle et pour ses enfants lui font défaut. Le mari n'a pas les moyens nécessaires pour subvenir à leurs besoins. Faudrait-il donc dans ce cas que la femme sorte du domicile conjugal, qu'elle sacrifie ses seules ressources au principe de l'autorité maritale ? Personne ne pourra nier que c'est au mari en pareil cas à quitter le domicile conjugal.

On devrait admettre la même décision dans le cas où la femme serait infirme ou gravement malade, et qu'il lui serait impossible de sortir de la maison où elle se trouve ; les mau- vais traitements dont elle serait victime de la part de son mari seraient d'ailleurs un motif de plus pour décider ainsi. La jurisprudence s'est du reste prononcée plusieurs fois dans le sens que nous venons d'indiquer.

En autorisant la femme à prendre une résidence séparée, le président, aux termes de l'article 878, ordonne également que les effets à son usage journalier lui soient remis.

Doit-on faire une distinction entre les objets de toilette qui servent habituellement à la femme, et les choses qui sont plutôt des objets de parure ? La femme sera-t-elle obligée de laisser entre les mains de son mari les objets précieux qui ne servent point à son usage journalier ? La loi n'a pas déterminé d'une façon exacte ce que la femme était autorisée à prendre avec elle. C'est au président investi à cet éga d d'un pouvoir discrétionnaire de fixer d'après les circonstances les objets d luxe que la femme sera autorisée à conserver. La condi-

tion des époux, leurs habitudes, les torts présumés de chacun d'eux, tels sont les points qui doivent attirer l'attention
du juge.

« Le président, dit M. de Belleyme, étend ou restreint la
disposition relative aux effets, linge, hardes et mobilier, selon la condition des parties et les circonstances..... Cette disposition est abandonnée à la sagesse du juge afin que la
femme n'en abuse pas, ou que le refus du mari ne soit pas
trop rigoureux. »

Les ordonnances rendues par le président relativement
au domicile provisoire de la femme etc., sont-elles susceptibles d'appel ?

Cette question est controversée. Plusieurs arrêts ont été
rendus dans le sens de la négative. M. Demolombe adopte
l'opinion contraire. « L'affirmative, dit-il, nous paraîtrait
cependant préférable, comme plus conforme aux principes
du droit commun, et à la protection que réclament les intérêts considérables qui se trouvent ici engagés, toutes les fois
du moins que les mesures ordonnées par le président, ayant
été l'objet de contestations entre les époux, son ordonnance
présente ainsi que l'a dit la cour de Cassation, les caractères d'une décision rendue en matière contentieuse. » De
nombreux arrêts ont du reste été rendus en ce sens.

De la provision. — Le mari est, en général, l'administrateur des biens de la femme; c'est lui qui en perçoit les revenus. Il en résulte que le plus souvent la femme, en quittant
le domicile conjugal, manque des ressources nécessaires pour
subvenir à ses besoins et aux frais du procès en séparation.
Il importe donc de lui donner les moyens de satisfaire à
cette double nécessité. Tel est le but des demandes en provision, qui doivent être portées à l'audience. L'art. 878 ne dit
pas expressément que le mari doive fournir une pension alimentaire à sa femme, ou lui procurer les moyens de subvenir
aux frais de l'instance; mais il le reconnaît implicitement en
ordonnant que les demandes de provision soient portées à

l'audience; il faut donc emprunter aux règles du divorce les dispositions énoncées aux art. 259 et 268 qui sont relatives à cet objet.

Que la femme ait quitté le domicile conjugal, ou qu'elle continue à y habiter avec son mari, la provision pour les frais de l'instance lui est toujours due. Mais quant à la pension alimentaire, le mari ne doit pas être tenu de la payer, si la femme continuant à habiter au domicile conjugal, le mari paie toutes les dépenses relatives au ménage. Il est manifeste d'ailleurs que le tribunal ne doit pas accorder immédiatement à la femme la pension alimentaire qu'elle demande, avant de s'être informé si elle en a effectivement besoin. Il ne lui en serait donc pas dû, si ses biens personnels y suffisaient, par exemple dans le cas où elle serait mariée sous le régime de séparation de biens ou sous le régime dotal avec des biens paraphernaux. La pension alimentaire que le mari est condamné à payer à sa femme doit être basée sur sa fortune et sur la dot que la femme lui a apportée. Il a été jugé par la Cour d'Amiens, le 5 pluviôse an XIII, que la femme demanderesse en séparation ne peut obtenir une pension alimentaire qu'à la charge de justifier de sa résidence dans le domicile qui lui a été assigné pendant l'instance. L'art. 267 dit en effet que la femme sera tenue de justifier de sa résidence dans la maison indiquée, toutes les fois qu'elle en sera requise : à défaut de cette justification, le mari pourra refuser la pension alimentaire, et si la femme est demanderesse en divorce, la faire déclarer non recevable à continuer ses poursuites. » Toutefois l'application de l'art. 269 à la séparation de corps n'est pas universellement admise; et nous avons vu qu'en ce qui touche la fin de non recevoir édictée par la dernière partie de l'article, beaucoup d'auteurs n'admettaient pas qu'on pût ici conclure par analogie du divorce à la séparation.

Si la femme n'a pas formé de demande en provision quand

l'instance était pendante devant le tribunal civil, elle peut en présenter une devant la cour d'appel. Il est possible en effet que les ressources que possédait la femme en première instance, et qui lui suffisaient alors, lui aient fait défaut depuis cette époque. La nature et le caractère tout provisoire et conservatoire des demandes de pension alimentaire et de provision les affranchissent en effet de la nécessité des deux degrés de juridiction.

La loi a prévu le cas le plus ordinaire qui est celui où la femme demande une pension alimentaire à son mari. Mais la situation inverse peut se présenter. Il peut en effet arriver que le mari ne possède ni biens, ni industrie, et que les ressources se trouvent toutes du côté de la femme. Il est juste que celle-ci vienne au secours de son mari, de même que dans l'hypothèse inverse la femme aurait pu avoir recours à lui. L'art. 212 du Code Napoléon déclare d'ailleurs formellement que les époux se doivent mutuellement secours et assistance. C'est ce qui a été jugé par la Cour de Dijon, le 10 mars 1841, et par celle d'Orléans, le 13 mars 1845.

§ 3. *Mesures relatives aux intérêts pécuniaires.*

Aucune disposition n'a été prise par le Code Napoléon ou le Code de procédure civile en ce qui concerne les intérêts pécuniaires des époux pendant l'instance en séparation; il y a cependant souvent urgence à prendre des mesures conservatoires pour empêcher que le mari, cédant peut-être à un vif ressentiment, ne compromette la fortune de sa femme. Le mari peut également avoir intérêt à ce que les valeurs qui composent l'actif de la société conjugale soient mises en sûreté.

Nous sommes forcés de faire un nouvel emprunt aux dispositions relatives au divorce. Les art. 270 et 271 contenaient des mesures destinées à protéger les intérêts de la femme.

Art. 270. La femme commune en biens, demanderesse ou

défenderesse en divorce, pourra en tout état de cause, à partir de la date de l'ordonnance dont il est fait mention en l'art. 328, requérir pour la conservation de ses droits, l'apposition des scellés sur les effets mobiliers de la communauté.

Art. 271. Toute obligation contractée par le mari à la charge de la communauté, toute aliénation par lui faite des immeubles qui en dépendent, postérieurement à la date de l'ordonnance dont il est fait mention en l'art. 238, sera déclarée nulle, s'il est prouvé d'ailleurs qu'elle ait été faite ou contractée en fraude des droits de la femme.

Nous appliquerons l'art. 270 à la séparation; la protection qu'il accorde à la femme commune en biens qui demande le divorce doit en effet être étendue à celle qui ne demande que la séparation de corps; les motifs sont les mêmes dans les deux cas.

Mais, dit-on, c'est une atteinte à l'autorité maritale! Nous répondrons que cette autorité est déjà battue en brèche; la situation n'est plus en effet régulière. Sans doute, le mari n'a pas perdu sa puissance maritale, le père n'a pas perdu la puissance paternelle. Mais peut-être bien déjà la femme n'est plus au domicile conjugal, les enfants ont été confiés à leur mère ou à un étranger. Ce n'est d'ailleurs pas là une disposition pénale contre le mari, puisque la femme défenderesse peut l'invoquer contre l'époux demandeur. Il ne faut voir là qu'une garantie qui protége aussi bien les intérêts de la femme que ceux du mari.

Bien que l'article 270 n'ait en vue que le cas où la femme est mariée sous le régime de communauté, on n'en doit pas moins décider que la femme peut recourir à ces actes conservatoires, même lorsqu'elle est mariée sous le régime exclusif de communauté, ou même sous le régime dotal, lorsqu'il y a danger pour ses biens personnels.

La femme peut réclamer l'apposition des scellés, non-seulement quand elle est demanderesse, mais aussi quand elle est défenderesse ; le ressentiment du mari est en èffet également à craindre dans les deux cas. L'apposition des scellés peut avoir lieu aussitôt que l'ordonnance prescrivant la comparution des époux devant le président a été rendue. Car, dès que le mari aura connaissance de l'intention de sa femme de demander sa séparation, il pourra arriver qu'il cherche à distraire certaines valeurs de la communauté, en haine de sa femme.

Est-il nécessaire pour qu'elle puisse faire apposer les scellés que la femme soit autorisée par la justice ? M. Toullier soutient l'affirmative, en s'appuyant sur le mot *requérir* de l'article 270. Mais ce mot même fait au contraire rejeter cette interprétation, car on ne requiert que ce qu'on a le droit de demander. Les actes conservatoires, en général, trouvent d'ailleurs la plus sérieuse garantie de leur efficacité dans la rapidité de leur exécution. Si l'apposition des scellés est nécessaire, c'est évidemment parce qu'on craint que le mari ne fasse disparaître d'un moment à l'autre les effets de la communauté. Or, exiger de la femme qu'elle se fasse autoriser par la justice à apposer les scellés, c'est lui enlever tout le bénéfice de cette mesure conservatoire.

Les scellés peuvent être levés purement et simplement à la requête de la femme. Les créanciers munis d'un titre exécutoire, en obtiennent la main-levée pour procéder à la saisie des meubles, sans être obligés de recourir à un inventaire. Quant au mari, il n'a le droit de demander la levée des scellés qu'à la condition de procéder à la confection d'un inventaire.

Le mari est constitué gardien des scellés, aux termes de l'article 270. Mais il peut se faire que, violant ses obligations de gardien, il enlève et dissipe les valeurs qui ont été confiées à sa surveillance, et que la femme n'ait ensuite contre lui qu'un recours illusoire par suite de son insolvabilité. La femme ne pourra-t-elle dans ce cas pourvoir plus efficacement à la garantie de ses droits, en obtenant de la justice l'autorisation d'employer d'autres mesures conservatoires que celles indiquées par l'article 270? Ne pourra-t-elle pas demander le dépôt à la caisse des consignations du numéraire de la communauté, ou le sequestre des meubles ou des immeubles?

Les auteurs pas plus que la jurisprudence ne sont d'accord sur cette question.

Pour soutenir la négative on dit que le mari est toujours le chef de la communauté et qu'il doit continuer d'en administrer les biens pendant l'instance en séparation. L'article 270 constitue une exception qu'on ne doit pas étendre au-delà de ses termes. Que demande-t-on en effet? On veut dessaisir le mari, lui enlever la possession des biens communs pour la donner à un tiers. Or cela n'est-il pas contraire à l'article 270 qui constitue précisément le mari gardien judiciaire? Enfin pour permettre le séquestre, qu'invoque-t-on? l'article 1961 qui ne permet le séquestre que dans trois cas déterminés, parmi lesquels il est impossible de comprendre celui qui nous occupe. Plusieurs arrêts ont été rendus en ce sens. (Angers, 27 août 1817, Caen, 29 mai 1849; Bordeaux, 6 février 1850.)

Nous répondrons à ce système, que nous ne suivrons pas, qu'en effet le mari est le chef de la communauté. Mais n'est-il pas aussi le chef de la société conjugale? Cependant les enfants peuvent lui être enlevés. Sans doute le mari est constitué par la loi gardien judiciaire. Mais ne lui confie-t-elle pas aussi l'administration des enfants? Cependant les tribunaux peuvent la lui enlever.

On nous objecte que le séquestre ne peut avoir lieu que dans trois cas, et qu'on ne peut faire entrer dans aucun de ces cas celui qui nous occupe. L'article 1961, § 2, dit que le séquestre peut avoir lieu d'un immeuble ou d'une chose mobilière dont la propriété ou la possession est litigieuse entre deux ou plusieurs personnes. On voit que les termes de cet article sont conçus d'une façon bien vague et bien générale ; or, rien ne s'oppose à ce qu'on les applique au cas en question. Il est d'ailleurs une espèce où aucune raison de douter ne peut se présenter, c'est lorsqu'il s'agit d'un préciput, car le préciput dépend, pour ainsi dire, de l'issue du procès.

Nous avons du reste d'autres motifs à fournir à l'appui de notre système. La séparation de corps entraîne toujours la séparation de biens ; or, l'article 869 du Code de procédure autorise sans aucune restriction les actes conservatoires pendant l'instance en séparation de biens ; donc on peut appliquer cet article à la séparation de corps. Nous n'assimilons pas complétement la séparation des biens demandée au principal à celle qui ne résulte que de la séparation de corps ; nous n'admettons pas en effet que celle-ci rétroagisse comme la première au jour de la demande. Nous convevons aussi que les motifs qui exigent que la femme puisse, dans la séparation de biens, prendre toute mesure conservatoire, ne se présentent pas dans l'instance en séparation de corps, puisqu'ici ce n'est pas sur le désordre des affaires du mari qu'est basée la demande. Mais ces actes conservatoires ne sont pas uniquement exigés par suite des affaires du mari ; ils ont aussi pour but d'empêcher les fraudes, les dilapidations qu'il pourrait commettre. Or ces fraudes, ces dilapidations ne sont-t-elles pas aussi à craindre quand la femme demande sa séparation de corps, que quand elle poursuit seulement sa séparation de biens ?

D'ailleurs l'article 869 sur lequel nous nous appuyons n'est-il pas l'application d'un principe du droit commun contenu en l'article 1180 : « Le créancier peut, avant que la condition soit accomplie, exercer tous les actes conservatoires de son droit. » Enfin si c'est un principe du droit commun, c'est aussi une règle de prudence et de justice. La loi peut-elle laisser sans secours, en présence d'un danger imminent, celui qui ne réclame qu'une mesure purement conservatoire ? Nous pouvons citer à l'appui de notre opinion les arrêts suivants : Metz, 23 juin 1819; Douai, 6 avril 1853.

Le mari établi gardien des objets inventoriés, est, d'après l'article 270, obligé de les représenter ou de répondre de leur valeur. Mais a-t-il le droit de les aliéner, pourvu que dans ce cas il tienne compte de leur estimation ? M. Massol n'admet pas qu'il le puisse ; le mari est en effet assimilé à un gardien judiciaire. Or, un gardien est tenu de représenter les objets en nature; s'il les vendait, il s'exposerait à de graves condamnations. Le mari n'est donc pas tenu de l'obligation alternative de représenter les objets qui lui sont confiés ou bien d'en offrir la valeur, mais bien de l'obligation unique de les représenter en nature. Ce n'est qu'à défaut par lui de remplir cette obligation qu'il doit payer la valeur des objets qui lui ont été remis.

La contrainte par corps à laquelle il était soumis sous l'empire du Code a été abolie par l'article 19 de la loi du 17 avril 1832 qui l'a prohibée entre époux ; d'ailleurs cette disposition a doublement été abrogée depuis la loi du 22 juillet 1867, qui a supprimé la contrainte par corps en toute autre matière qu'en matière criminelle.

L'article 270 du Code Napoléon ne parle que du cas où c'est la femme qui réclame l'apposition des scellés ; mais nous pensons que le même droit doive être accordé au mari. Pourquoi lui refuserait-on en effet cette faculté ? Il peut se présenter des cas où le mari juge que l'apposition des scellés est nécessaire pour sauvegarder ses intérêts, alors qu'il ne peut veiller lui-même à la conservation des meubles de la communauté. C'est ce qui arriverait par exemple si le mari était détenu. D'un autre côté il peut arriver que la femme occupe un appartement séparé de celui de son mari, et que les meubles qui s'y trouvent appartiennent à la communauté. Dans ce cas il y a le même intérêt pour le mari à y faire apposer les scellés que pour la femme quand elle est autorisée à quitter le domicile conjugal pour aller habiter ailleurs.

(Angers, 16 juillet 1817). Nous citerons cependant un arrêt de la Cour de Paris du 9 janvier 1823, qui déclare que la femme seule est autorisée aux termes de l'article 270 à faire apposer les scellés sur les effets communs.

Il est bien entendu, du reste, que le mari ne pourrait faire apposer les scellés que sur les effets communs et qu'il ne le pourrait sur les meubles paraphernaux que la femme posséderait hors du domicile conjugal.

Nous arrivons maintenant à l'article 271. Cet article n'étant que l'application d'un principe du droit commun énoncé en l'article 1167, il n'existe aucune raison pour en refuser la protection à la femme. Le motif qui a dicté cette disposition est qu'on veut empêcher le mari à qui la demande en divorce doit inspirer un sentiment d'animosité, d'abuser des droits qu'il exerce comme chef de la communauté et de compromettre la fortune de sa femme. Or, ce motif a autant de force quand il s'agit de la séparation de corps. Nous appliquerons donc ici l'article 271, mais avec la restriction qu'il comporte, avec la même distinction que fait l'article 1167, c'est-à-dire que la nullité des obligations et des aliénations ne pourra être prononcée qu'autant qu'elles auront été faites ou contractées en fraude des droits de la femme.

D'après M. Massol, les acquéreurs à titre onéreux des biens de la communauté sont présumés de mauvaise foi, lorsqu'ils ont eu connaissance de la demande en séparation. Nous n'admettons pas une décision aussi absolue, et nous ne pensons pas que le fait seul de la connaissance de la demande puisse ainsi constituer de mauvaise foi un acquéreur, surtout lorsqu'il a payé le bien vendu à sa juste valeur, et que rien n'indique qu'il ait eu l'intention de porter atteinte aux droits de la femme. Mais ce pourra être un indice grave quand à cette connaissance se joindront d'autres faits et circonstances qui feront supposer le mauvaise foi. Ainsi le mari demeure toujours pendant l'instance en séparation le chef de la communauté, et son pouvoir en ce qui concerne les aliénations et les obligations regardant la communauté, n'est restreint que dans le cas de fraude. Le mari pourra donc vendre les immeubles de la communauté ; quant aux meubles qui n'ont pas été inventoriés, il peut non-seulement les vendre, mais les donner à titre particulier pourvu qu'il ne s'en réserve pas l'usufruit.

C'est un droit que lui confère sa qualité de chef de la communauté. « En fait, dit M. Demolombe, on pourra, on devra même souvent voir alors l'intention par le mari de nuire à sa femme, tout en se nuisant à lui-même ; la vengeance est aveugle, et le plus souvent ces sortes de donations devront être révoquées jusqu'à concurrence du préjudice que la femme pourrait en éprouver. Mais si vous supposiez, au contraire, une donation faite aux termes de l'article 1422 dans des circonstances légitimes, et telles que le mari, dans toute autre situation, aurait pu la faire, je ne crois pas qu'elle pût être annulée par cela seul qu'elle aurait été faite depuis la demande en séparation de corps. »

Telle n'est pas l'opinion de M. Massol qui pense que le mari, dans ses rapports avec sa femme, ne peut plus aliéner ni les meubles, ni les immeubles de la communauté ; d'après lui le mari, dans le cas où l'aliénation qu'il a ainsi faite serait maintenue à raison de la bonne foi du tiers, n'en serait pas moins responsable envers sa femme, par cela seul qu'il aurait consenti la vente, et sans qu'il soit besoin d'examiner s'il a agi par fraude ou de bonne foi.

M. Massol pousse même la rigueur à l'égard du mari jusqu'à enseigner qu'à partir de la demande en séparation, le mari n'a plus le droit de passer des baux pour les immeubles de sa femme, Cette opinion est contraire à l'article 271 qui ne permet d'attaquer que les aliénations et les obligations entachées de fraude, et qui par cela même suppose que le mari a toujours le droit d'obliger la communauté et d'aliéner les biens qui la composent, pourvu que ce soit sans fraude. A plus forte raison a-t-il le droit de faire, à la même condition, les actes de simple administration qui lui appartiennent comme chef de la communauté. Toutefois M. Massol est d'avis que si le preneur est de bonne foi, le bail devra être respecté ; d'après lui la mauvaise foi consisterait, comme dans le cas d'aliénation, dans la connaissance que le preneur a pu avoir de la demande en séparation. Cette rigueur s'explique difficilement ; le tiers en traitant avec le mari qui n'agit que dans la limite de ses pouvoirs d'administrateur des biens de sa femme, ne peut croire qu'il cause à celle-ci un préjudice.

Le préjudice résulterait au contraire de ce que le mari ne pourrait plus exercer ses droits d'administrateur. Il faut bien, en effet, que la communauté et que la fortune personnelle de la femme soient administrées ! Or, par qui le seraient-elles, si ce n'est par le mari qui reste le chef de la communauté, tant que le jugement de séparation n'est pas rendu ? La demande en séparation ne confère, en effet, aucun pouvoir à la femme, pas même celui d'administrer ses biens ; il y aurait donc à méconnaître ce droit au mari, perte pour la femme comme pour lui, puisqu'il ne pourrait même pas faire les actes de gestion indispensables. Il est d'ailleurs bien entendu qu'il ne faut pas laisser le mari en cette matière maître absolu. Si donc, les baux, au lieu d'être renouvelés à l'époque et aux conditions ordinaires, étaient entachés de fraude, ils devraient être annulés, comme toute aliénation ou obligation présentant le même caractère.

C'est à la femme seule qu'appartient le droit de demander la nullité d'une vente ou d'une obligation ; il ne saurait être donné, ni au mari, ni au tiers qui a contracté avec lui.

D'après l'article 1167, les acquéreurs à titre gratuit doivent subir la nullité de leurs acquisitions, quand même ils sont de bonne foi. On exige, au contraire, que les acquéreurs à titre onéreux aient été de mauvaise foi, et aient participé à la fraude du mari.

Section III.

Instruction de la demande.

D'après les articles 307 du Code Napoléon et 879 du Code de procédure civile, la demande en séparation doit être instruite de la même manière que les affaires ordinaires. Il suffit donc de se reporter aux règles du droit commun. Cependant, nous rencontrerons quelques exceptions aux règles ordinaires.

Le tribunal peut rejeter immédiatement la demande, si les faits sur lesquels elle est fondée ne constituent pas une cause de séparation. De même, le jugement pourrait être rendu de suite, et la séparation prononcée *de plano*, si les faits qui y donnent lieu étaient suffisamment prouvés, par exemple, la condamnation de l'un des époux à une peine infamante.

Lorsque le défendeur ne comparaît pas, le tribunal n'en doit pas pour cela prononcer de suite la séparation, si d'ailleurs, les faits allégués par le demandeur ne sont pas suffisamment justifiés. Le défaut de l'époux défendeur ne peut être considéré comme un aveu tacite, et nous allons voir qu'en matière de séparation l'aveu du défendeur n'est point considéré comme preuve. Il faut donc même dans ce cas que le demandeur justifie les faits qu'il invoque. La loi n'a pas cru devoir admettre ici toutes les preuves usitées en matière ordinaire ; ainsi l'aveu et le serment ne sont jamais reçus. Les preuves les plus usitées sont la preuve testimoniale et les présomptions.

§ 1. *De l'aveu.*

L'aveu judiciaire qui est ordinairement la preuve la plus satisfaisante que les juges peuvent trouver pour s'éclairer, est à peu près sans valeur pour la séparation. La séparation de corps ne peut avoir lieu par consentement mutuel. Or, se contenter de l'aveu du défendeur pour admettre les conclusions du demandeur, sans exiger d'autres preuves, ce serait donner aux époux le moyen d'arriver, malgré la loi, à une séparation volontaire. Ainsi donc les tribunaux ne doivent point s'arrêter aux déclarations ni du demandeur, ni du défendeur, bien qu'elles présentent le caractère d'un aveu formel. (Rennes, 13 décembre 1841.)

L'article 870 du Code de procédure déclare qu'en matière de séparation de biens l'aveu du mari ne fait pas preuve, bien qu'il n'y ait pas de créanciers. Or, les mêmes raisons existent ici pour appliquer cette règle, la loi ne voulant ni de séparations de biens, ni de séparations de corps volontaires.

Il en était du reste ainsi dans notre ancien droit. (Pothier, contrat de mariage, II, n° 519.)

Mais l'aveu doit-il être également écarté quand il vient simplement fortifier d'autres documents du procès, qui, même à défaut d'enquête, démontrent l'absence de collusion, et la vérité du fait avoué ?

Toullier enseigne qu'en cas pareil l'enquête n'est pas nécessaire, et que « le jugement qui prononcerait une séparation de corps sur les aveux du défendeur sans enquête préalable, ne violerait aucune loi et ne serait pas sujet à la cassation. »

La plupart des auteurs, sans aller aussi loin que Toullier, reconnaissent quelque force probante aux déclarations des époux quand elles ne sont pas isolées. « Ce qu'il faut reconnaître, dit M. Demolombe, c'est que l'aveu du défendeur peut être pris en considération, *particulièrement*, comme dit la Cour suprême, *lorsqu'il n'est pas explicite et qu'il n'est pas volontaire, et qu'il s'induit de faits constants dont il appartient aux juges de déterminer le caractère et les conséquences.* »

Cette doctrine laisse aux juges un pouvoir dont ils ne doivent user qu'avec une extrême réserve ; un jugement de séparation de corps qui serait basé sur l'aveu du défendeur auquel les documents du procès n'apporteraient pas un appui sérieux, ne serait pas maintenu par la Cour de cassation.

L'aveu du défendeur n'étant pas considéré comme une preuve contre lui, il ne faut pas appliquer ici l'article 252 du Code de procédure qui est ainsi conçu : « Les faits dont une partie demandera à faire preuve seront articulés succinctement par un simple acte de conclusions, sans écriture ni requête. Ils seront également par un simple acte déniés ou reconnus dans les trois jours, sinon ils pourront être tenus pour confessés ou avérés. »

§ 2. *Du Serment.*

Le serment tient de fort près à l'aveu ; il y a donc les mêmes raisons de ne pas l'admettre ici. Le serment décisoire est un mode de preuve tout spécial, qui constitue entre les parties une sorte de transaction, qui a pour effet de dessaisir les magistrats et d'établir l'une des parties juge du procès, pour ainsi dire, en lui laissant la faculté d'en faire dépendre l'issue de son attestation. Une pareille transaction est impossible pour la séparation.

Quant au serment supplétoire, on pourrait peut-être éprouver quelque doute sur sa non-recevabilité, parce qu'il ne procède pas de la convention des parties, et qu'il ne présente pas les mêmes dangers que le serment décisoire. Il est cependant plus logique de le rejeter aussi. D'ailleurs, le juge ne pourrait presque toujours déférer le serment qu'au demandeur ; car il n'est pas possible que le défendeur puisse être appelé à prêter serment sur des faits coupables qui lui sont reprochés. Ce serait donc là créer une fâcheuse inégalité entre les parties.

Si les preuves ne sont pas complètes, les juges doivent s'abstenir de prononcer la séparation. D'ailleurs, en matière d'obligations, les juges n'ont pas au sujet de la prestation de serment des droits aussi étendus que les parties. Celles-ci peuvent en effet déférer le serment décisoire, quelle que soit la probabilité de leur prétention; les juges ne peuvent au contraire recourir au serment supplétoire, que si la demande n'est ni totalement justifiée, ni entièrement dénuée de preuves. Or, si les parties ne peuvent se déférer le serment en matière de séparation, les juges ne doivent pas pouvoir davantage employer ce mode de preuve.

L'interrogatoire sur faits et articles doit être admis comme moyen de preuve, tiré non pas de l'aveu de la partie, mais plutôt de ses réticences, de ses dénégations mensongères et contradictoires, qui peuvent servir aux juges à découvrir la vérité.

§ 3. *Des Présomptions.*

La loi permet aux juges de fonder leurs décisions sur de simples présomptions dans les cas où la preuve testimoniale est admissible, pourvu que ces présomptions soient graves, précises et concordantes. Bien que la disposition qui s'occupe des présomptions soit placée au titre des obligations, nous n'en croyons cependant pas moins qu'on peut l'appliquer à la séparation de corps. Ainsi il a été jugé qu'il n'est pas nécessaire pour autoriser le divorce ou la séparation de corps, que l'adultère soit établi par des preuves physiques, et que des présomptions positives et claires doivent être réputées suffisantes pour former la conviction du juge. (Riom, 9 novembre 1810.) C'est aux juges à apprécier si les présomptions qu'on prétend faire valoir sont suffisantes pour motiver la séparation.

Quant à la notoriété publique, elle ne peut être ni devenir la base d'un jugement de séparation. Rien, en effet, n'est moins certain que le bruit public, et les décisions de la justice ne doivent pas être basées sur des propos vagues et incohérents qui n'ont la plupart du temps aucun fondement sérieux.

§ 4. *De la preuve littérale.*

La preuve littérale peut résulter soit d'un acte authentique, par exemple, d'un jugement de condamnation, soit d'un acte sous-seings privés.

Peut-on produire comme preuves des lettres missives adressées soit au conjoint, soit à un tiers ? C'est une question que nous avons examinée en parlant des injures graves, nous n'avons donc pas à y revenir. Les règles coucernant la preuve littérale étant les mêmes ici qu'en matière ordinaire, **nous n'avons** donc aucune particularité propre à la procédure de séparation de corps à signaler.

§ 5. *De la preuve testimoniale.*

Les règles applicables aux enquêtes de séparation de corps, sont les règles usitées dans les enquêtes ordinaires ; la procédure est donc la même dans tous les cas. Les tribunaux, d'ailleurs, avant d'ordonner la preuve des faits qui servent de base à la demande, doivent vérifier s'ils sont assez graves, pertinents, vraisemblables, et s'ils ont été légalement articulés.

Nous avons à signaler dans la procédure d'enquête une exception qui a été apportée en matière de divorce par l'article 251 du Code Napoléon. « Les parents des parties, dit cet article, à l'exception de leurs enfants et descendants, ne sont pas reprochables du chef de la parenté, non plus que les domestiques des époux, en raison de cette qualité ; mais le tribunal aura tel égard que de raison aux dépositions des parents et des domestiques. »

La doctrine et la jurisprudence sont unanimes pour appliquer cette disposition à la séparation de corps. Cette dérogation au principe qui défend d'assigner comme témoins, ou permet de reprocher les parents ou alliés en ligne directe de l'une ou de l'autre des parties, les parents ou alliés en ligne collatérale jusqu'au degré de cousin issu de germain inclusivement, et en outre les domestiques, est en effet très-juste et même nécessaire. Car ces personnes sont plus à même que toute autre d'éclairer la justice, et, si on rejetait leur témoignage, on manquerait souvent de preuves pour établir des faits qui la plupart du temps se passent plutôt dans l'intérieur de la famille qu'en public. D'ailleurs, il est un autre motif pour appliquer à la séparation l'article 251 : c'est que la séparation a été admise pour les époux à qui leur conscience faisait un scrupule de divorcer ; or, il n'est pas à supposer que le législateur ait entendu rendre plus difficiles les formalités pour l'obtenir, que celles qui étaient imposées aux époux qui voulaient divorcer.

Parmi les parents qu'on ne peut faire entendre comme témoins, se trouvent seuls les descendants, enfants ou petits-enfants. Comment admettre, en effet, qu'ils puissent être reçus à venir déposer contre leurs père et mère et à publier leur inconduite ? Cette prohibition s'applique non-seulement aux enfants communs, mais aussi aux enfants et petits-enfants nés d'un précédent mariage.

Un arrêt de la Cour de Cassation du 8 juillet 1813 déclare qu'à l'exception des descendants des parties, tous les autres témoins peuvent être entendus et que particulièrement les donataires non parents peuvent être admis à déposer. Cette doctrine ne semble pas devoir être suivie. En effet, l'article 283 du Code de procédure indique les témoins qui ne peuvent être assignés ou qui peuvent être reprochés. L'article 251 apporte une modification à cet article pour le divorce, et permet par exception d'entendre comme témoins des parents, des domestiques qui sans cela ne pourraient apporter leur témoignage. Or, précisément parce que cet article constitue une exception, il n'est point permis de l'étendre au-delà de ses limites.

Les parents, les domestiques, peuvent-ils être reprochés

comme témoins, si le reproche est fondé sur un autre motif que leur parenté ou leur qualité, par exemple, parce qu'ils sont donataires, parce que depuis le jugement qui a ordonné l'enquête ils ont bu et mangé avec l'une des parties, ou parce qu'ils sont ses héritiers présomptifs? A ne consulter que l'article 251, il semblerait qu'ils peuvent être reprochés. Cet article dit, en effet, qu'on ne peut reprocher les parents... du *chef de la parenté*, les domestiques, *en raison de cette qualité*; d'où on pourrait raisonnablement conclure que quand ces personnes présenteront une cause de reproche autre que celles indiquées dans l'article on rentrera dans le droit commun.

L'opinion contraire nous semble cependant devoir être suivie. Les parents, les domestiques sont appelés, en effet, à déposer sur des faits de la vie intérieure dont peuvent seuls être témoins les personnes admises dans l'intimité des époux. Si les parents, les domestiques n'étaient pas admis à déposer, les actions en séparation les plus légitimes ne seraient-elles pas écartées parce que le demandeur se trouverait dans l'impossibilité de prouver sa demande? On peut donc considérer ces témoins comme indispensables. Or, s'ils sont donataires, héritiers présomptifs, s'ils ont bu ou mangé avec l'une des parties, leur témoignage sera-t-il moins nécessaire que quand on ne peut leur objecter que leur qualité de parents ou de domestiques? On peut dire que si on n'admettlait pas cette décision les parents et les domestiques se trouveraient le plus souvent dans l'impossibilité de déposer, parce que les cas dans lesquels les témoins peuvent être reprochés aux termes de l'article 283, se présenteront presque toujours pour eux.

Il est du reste bien entendu, ainsi que le dit l'article 251, que le tribunal peut avoir tel égard que de raison aux dépositions des parents et des domestiques. Il devra donc aussi, s'il y a lieu, tenir compte de leur qualité d'héritiers présomptifs, de donataires, etc.

Le président du tribunal devant lequel les époux ont comparu en conciliation ne doit pas pouvoir non plus être cité comme témoin , à raison des faits qui se sont passés en sa présence dans son cabinet. Sa mission a un caractère tout confidentiel ; il ne faut pas que les parties, en comparaissant devant lui, aient la crainte qu'il ne devienne ensuite pour l'une d'elles un accusateur public, ce qui les empêcherait sans doute de s'expliquer avec tout l'abandon possible. Il ne serait pas d'ailleurs convenable que le témoignage du président pût être discuté en public, à raison de faits dont lui seul aurait connaissance, personne autre que lui et les époux n'assistant à la comparution en conciliation.

§ 6. *Quels faits est-on admis à prouver.*

La requête présentée au président énonce sommairement les faits sur lesquels est basée la demande en séparation de corps. Rien n'empêche que l'époux puisse en proposer de nouveaux. La loi ne prononce, en effet, aucune déchéance contre cette omission. Mais jusqu'où doit-on admettre cette faculté ? L'époux sera-t-il reçu à proposer des faits après le jugement qui ordonne la preuve, ou après l'enquête, ou même après le jugement définitif et devant la Cour d'appel ?

Sur ces points les auteurs ni la jurisprudence ne sont d'accord. Nous pensons que l'on doit admettre dans tous ces cas la preuve des faits qu'on présente pour la première fois. L'article 255 du Code de procédure ne contient pas, en effet, de déchéance. Si en appel il est défendu de former une nouvelle demande, il n'est pas interdit , au contraire, de proposer de nouveaux moyens. De plus, l'article 254 permet aux juges d'ordonner d'office la preuve des faits qui leur semblent pertinents, bien que la preuve de ces faits n'ait pas été demandée par les parties. Or, la séparation de corps est une matière qui touche à l'ordre public ; il importe donc que les magistrats arrivent à connaître la vérité. Peu importe, du

reste, que les faits qu'on présente soient antérieurs ou postérieurs à la demande; s'ils sont antérieurs, peut-être le
demandeur avait-il cru, par respect pour son conjoint, devoir
les taire, espérant que les autres griefs suffiraient pour faire
réussir sa demande. D'ailleurs, si on n'admet pas la preuve
de ces faits et que la demande de séparation soit rejetée,
l'époux ne pourra-t-il dans ce cas former une seconde
demande fondée cette fois sur les faits graves qu'il avait
d'abord cru ne pas devoir révéler, ou qui se sont passés
depuis l'introduction de la demande? Or, il est de l'intérêt
des époux comme de l'intérêt public que de tels procès soient
terminés le plus promptement possible.

C'est précisément parce que ces procès touchent de près à
l'ordre public et à la morale qu'ils doivent être communi-
qués au ministère public. L'article 879 du Code de procédure
l'ordonne d'ailleurs expressément.

SECTION IV.

Du Jugement.

Quand l'instruction est complète, les juges, après avoir
entendu les conclusions du ministère public, doivent admettre ou rejeter la demande.

§ 1. Quand doit être rendu le jugement.

Lorsque l'affaire est en état, peut-il être sursis au juge-
gement? L'ancienne jurisprudence donnait aux juges une
double faculté : ils pouvaient surseoir au jugement pendant
un certain temps, et ordonner que la femme se retirerait
dans un couvent où son mari pourrait la voir, ou bien prononcer la séparation de corps *ad tempus,* pour un certain
temps.

Un souvenir de cette jurisprudence et surtout la gravité du
divorce avaient fait adopter pour le divorce cette faculté de sursis : « Aux termes des articles 259 et et 260 du Code Napoléon,

les juges étaient autorisés à ne pas admettre immédiatement le divorce, lorsque la demande, quoique bien établie, était formée pour excès, sévices ou injures graves. Dans ce cas, avant de rendre le jugement, ils permettaient à la femme de quitter son mari et de ne pas le recevoir, si elle le jugeait à propos. Le mari était condamné à lui payer une pension alimentaire proportionnée à ses facultés, si la femme n'avait pas elle-même des revenus suffisants pour pourvoir à ses besoins. Après l'expiration d'une année, si les époux ne s'étaient pas réunis, le demandeur citait le défendeur à comparaître devant le tribunal pour y entendre prononcer le jugement définitif qui, alors, admettait le divorce.

Ces dispositions sont-elles applicables à la séparation de corps ?

Quelques auteurs admettent l'affirmative. (Carré, Massol, Favard.) Les rédacteurs du Code, disent-ils, n'ont pas voulu créer un système nouveau en matière de séparation. Or l'ancienne jurisprudence admettait le sursis. De plus le divorce et la séparation ont été constamment mis en regard l'un de l'autre par le législateur. La séparation ne produit pas, il est vrai, des effets aussi graves que le divorce, mais les conséquences qui en sont la suite sont assez importantes pour que, avant de la prononcer, on soumette les époux à une épreuve.

Tout en reconnaissant la justesse de ces raisons, nous ne pensons pas cependant qu'on puisse appliquer à la séparation les dispositions des articles 259 et 260. Une pareille décision serait trop contraire au texte de la loi. L'article 307 est trop formel à cet égard : « La demande en séparation de corps sera *jugée* de la même manière que toute autre action civile. Or, précisément on faisait, quant au jugement en matière de divorce, une exception exorbitante à la manière dont les affaires doivent être jugées. Cette exception n'était même admise pour le divorce que dans certains cas, lorsqu'il était demandé pour excès, sévices ou injures, c'est-à-dire pour une des causes qui, même bien établies, au moment de la demande, pouvaient recevoir cependant du temps un oubli, une atténuation qu'il était du devoir même de la loi de provoquer.

D'ailleurs il n'y avait pas identité absolue de motifs dans les deux cas; et on aurait tort de raisonner par analogie de l'un à l'autre. Le divorce une fois prononcé est irréparable. Il importe donc de ne pas se hâter de l'accorder à deux époux qui peut-être n'ont cédé qu'à un vif ressentiment que le temps peut effacer. La séparation, au contraire, n'est pas irrévocable; la réconciliation pourra réunir de nouveau les époux quand le motif qui les aura portés à se séparer aura été oublié ou pardonné. Il n'est donc pas aussi nécessaire de faire précéder d'une épreuve le jugement qui admettra la séparation.

On pourrait répondre au motif que nous venons de donner que le législateur ne considère pas la séparation comme un état provisoire et passager, mais comme une sorte de divorce limité plutôt dans ses effets que dans sa durée; et que d'ailleurs si on espère, en prononçant la séparation, que les époux se réuniront plus tard, il vaudrait mieux, plutôt que de les séparer, exiger d'eux un temps d'épreuve qui serait sans doute plus utile au point de vue de la réconciliation que l'on souhaite.

Quoi qu'il en soit, devant le texte de l'article 307, il est impossible de reconnaître aux juges la même faculté qu'en matière de divorce.

La Cour de cassation a décidé le 24 juin 1812 qu'une Cour en rejetant une demande en séparation de corps peut surseoir à l'exécution de son arrêt pendant un certain temps.

Nous n'admettons pas ce système qui revient à prononcer une séparation temporaire. On invoque inutilement le pouvoir qu'ont les juges de surseoir à l'exécution de leurs jugements en matière ordinaire. La femme est obligée par la loi de demeurer avec son mari; cette séparation d'habitation que les juges prononceraient ainsi, porte atteinte à l'autorité maritale, et ne peut être autorisée qu'en vertu d'un texte. Or, il n'en existe pas. Dès que le jugement rejetant la demande en séparation est rendu, le mari reprend ses droits et la femme ses devoirs; y porter atteinte, ce serait violer la loi.

Lorsque la séparation de corps est prononcée contre la femme pour cause d'adultère, elle est condamnée, aux termes de l'article 308, par le même jugement et sur la réquisition du ministère public, à la réclusion dans une maison de correction, pendant un temps déterminé qui ne peut être moindre de trois mois, ni excéder deux années. C'est par exception que le tribunal civil est chargé de prononcer une condamnation à une peine correctionnelle. Cette dérogation au droit commun vient peut-être de ce que sous l'empire de la législation intermédiaire qui était encore en vigueur au moment de la rédaction du Code, l'adultère n'était plus considéré comme un délit en vertu de la loi du 25 septembre 1791. Bien que la loi emploie le mot réclusion, il ne s'agit pas ici d'une condamnation à la réclusion. En effet, toute condamnation à la réclusion est d'au moins cinq ans, et cette peine se subit dans une maison de force, tandis que la femme adultère est enfermée dans une maison de correction pour un temps qui ne peut dépasser deux années.

Ainsi deux conditions sont exigées par l'article 308 : d'abord que le ministère public conclue à la condamnation, et ensuite que la peine soit prononcée par le jugement qui admet la séparation de corps. Le tribunal ne pourrait donc pas, par un jugement postérieur, prononcer de condamnation contre la femme.

Cette peine est infligée à la femme, alors même que le mari ne la requiert pas et déclare se contenter de la séparation de corps.

La condamnation que l'article 308 prescrit au tribunal de porter contre la femme dont l'adultère a amené la séparation de corps, est indépendante de celle édictée par l'article 337 du Code pénal, en réparation du délit d'adultère dont la femme a été convaincue devant le tribunal correctionnel. Aussi, si le mari se désistait d'une plainte en adultère portée par lui contre sa femme, le ministère public ne pourrait plus poursuivre son action correctionnelle, mais il pourrait toujours, sur une demande en séparation formée postérieurement, pour cause d'adultère de la femme, requérir contre elle la condamnation portée par l'article 308 du Code Napoléon.

Le mari étant le principal offensé, a le droit, aux termes de l'article 309 de faire cesser la condamnation prononcée contre la femme, en consentant à reprendre avec elle la vie commune. Mais pour que la femme recouvre sa liberté, il faut que le mari consente à ne pas se prévaloir du jugement qui a prononcé la séparation. Ce n'est qu'à la condition qu'il reprendra sa femme que celle-ci pourra sortir de la maison de correction.

L'article 308 étant une dérogation au droit commun, ne peut pas être étendu à d'autres cas que celui qui est indiqué ; par suite, on ne peut attribuer au tribunal civil le droit de condamner à une peine quelconque le mari qui, par l'entretien d'une concubine dans la maison commune, a été la cause de la séparation de corps. Le tribunal correctionnel peut seul lui infliger l'amende de 100 francs à 2,000 francs portée par l'article 339 du Code pénal.

Le tribunal civil, en prononçant une condamnation contre la femme adultère, n'a pas le droit non plus de punir son complice.

§ 2. Publicité du jugement.

Les demandes en séparation doivent être jugées en audience publique. Mais si la discussion publique devait entraîner des inconvénients graves, il est évident que le tribunal pourrait ordonner le huis-clos. (Cassation, 21 janvier 1812.)

En appel, les demandes en séparation sont aujourd'hui jugées en audience ordinaire. L'article 22 du décret du 30 mars 1808 portait que les contestations relatives à l'état civil des citoyens devaient être jugées par les cours d'appel en audience solennelle. Les Cours avaient décidé que cette disposition ne pouvait être appliquée à la séparation de corps qui n'était, après tout, qu'une mesure de bon ordre, ne changeant rien à l'état civil des époux, puisque le mariage n'était pas dissous. Mais le 4 mars 1835 la Cour de cassation abandonna cette jurisprudence, se fondant sur ce que, si la séparation de corps n'opère pas la dissolution du mariage, cette séparation a néanmoins pour effet d'en relâcher le lien, de modifier les rapports réciproques des époux, d'altérer l'autorité maritale et quelquefois l'autorité paternelle. On fit observer que cette nouvelle jurisprudence ralentissait la marche de la justice, en exigeant le concours d'un plus grand nombre de magistrats, et qu'elle était contraire à l'intérêt des familles et de la morale publique en donnant plus de pompe et d'éclat au dénoûment d'une affaire dont on devait chercher à diminuer le scandale autant que possible. Aussi le 4 mai suivant une ordonnance décida que désormais les procès en séparation de corps seraient, en Cour d'appel, jugés en audience ordinaire.

La séparation de corps entraînant la séparation de biens et modifiant par conséquent la capacité de la femme, doit, pour être opposable aux tiers, être rendue publique. Article 880 : « Extrait du jugement qui prononcera la séparation sera inséré aux tableaux exposés tant dans l'auditoire des tribunaux que dans les chambres d'avoués et de notaires, ainsi bn'il est dit article 872. » L'article 66 du Code de commerce exige de plus que le jugement de séparation soit lu publiquement à l'audienc du tribunal de commerce, lorsque l'un des époux est commerçant.

§ 3. *De l'opposition et de l'appel.*

Si le jugement a été rendu par défaut, il est en cette matière comme dans les affaires ordinaires susceptible d'opposition.

S'il a été rendu contradictoirement, l'appel est également possible.

Lorsque les poursuites en première instance ont été discontinuées pendant trois ans, et que la péremption a été prononcée, les actes de procédure sont annulés, mais le droit subsiste néanmoins. Au contraire, lorsque la péremption a lieu en appel, elle éteint l'action elle-même et le jugement devient inattaquable, puisque le délai pour interjeter appel et recommencer la procédure est expiré depuis longtemps.

Le défendeur en laissant s'écouler le délai d'appel acquiesce donc tacitement au jugement. Doit-on en conclure qu'un acquiescement exprès serait valable ? Doit-on admettre aussi que le défendeur a le droit de se désister de l'appel qu'il a formé ?

On pourrait dire dans les deux cas que la séparation résulte du jugement qui l'a prononcée, et que, par conséquent, l'acquiescement ou le désistement d'appel qui ne font que donner à ce jugement l'autorité de la chose jugée ne peuvent constituer une séparation volontaire. L'article 307 dit d'ailleurs que l'instance en séparation doit suivre toutes les règles des instances ordinaires. Cependant nous devons refuser ce droit au défendeur. L'article 307, ainsi que nous l'avons vu, s'oppose non-seulement à toute séparation volontaire, mais à tout aveu, toute adhésion que le défendeur donnerait contre lui. Nous sommes ici dans une matière d'ordre public. Le défendeur n'est pas seul intéressé. Il ne peut renoncer à aucune des protections que lui donne la loi, ni aux moyens qu'il a pour faire tomber une séparation qui a peut-être été noncée sans motifs contre lui.

On ne peut point conclure de l'acquiescement tacite résultant de l'expiration d'un délai à un acquiescement exprès et spontané.

Cet acquiescement tacite est nécessaire ; on ne peut laisser la question pendant longtemps sans solution définitive. Mais il présente des garanties de temps et de réflexion qui ne se rencontrent plus lorsqu'il s'agit d'un acquiescement exprès.

On doit décider de même pour le désistement que ferait le défendeur à l'appel qu'il aurait formé. En effet, l'appel a arrêté l'exécution du premier jugement ; il a même fait plus : il a révoqué en doute le bien fondé de la première demande, et remis toute chose en question. Le désistement qui rendrait à ce premier jugement une force qu'il n'a plus serait donc une convention contraire à l'article 307, puisqu'elle produirait ou tout au moins favoriserait la séparation de corps. La question est de nouveau pendante et doit recevoir une décision de la justice.

Il est bien entendu que la prohibition d'acquiescer ou de désister d'un appel ne s'applique qu'au jugement définitif ; il ne saurait en être de même d'un jugement interlocutoire, qui aurait ordonné une enquête par exemple. Sans doute ce sont là des mesures d'instruction très-importantes, il est vrai, à cause de l'influence qu'elles peuvent avoir sur le résultat définitif de l'affaire, mais qui ne le décident pas encore, et qui d'ailleurs n'enlèvent point à la partie le droit et les moyens de se défendre.

Le demandeur qui a vu repousser sa demande en séparation peut-il acquiescer à ce jugement ou peut-il se désister de l'appel qu'il aurait interjeté ? Ici nous n'avons plus les mêmes raisons de le prohiber que quand il s'agissait du défendeur ; nous dirons même que la loi devrait encourager le demandeur dans cette voie. Cet acquiescement, ce désistement est une véritable réconciliation, et nous avons vu que la réconciliation expresse ou tacite était toujours admise.

§ 4. *Du pourvoi en cassation.*

Le pourvoi en cassation est admis en matière de séparation. Toutefois comme l'appréciation des juges porte le plus souvent sur des faits, il en résulte que le pourvoi en cassation réussira difficilement. Ainsi, il a été jugé qu'un arrêt qui prononce une séparation de corps pour injures graves de la part du mari, ne peut être attaqué devant la Cour de cassation par le motif que les faits invoqués ne renfermeraient pas le caractère d'injures graves. (Cassation, 20 octobre 1813.) C'est là, en effet, une pure appréciation de faits, qui ne saurait rentrer dans les attributions de la Cour de cassation.

Le pourvoi contre l'arrêt qui prononce la séparation est-il suspensif ?

L'article 263 du Code Napoléon exige qu'en matière de divorce le pourvoi soit suspensif. Mais cet article ne doit pas être étendu à la séparation, car les mêmes raisons de décider n'existent pas dans les deux cas. Le pourvoi est suspensif à l'égard du divorce, parce que la dissolution du mariage est complète, qu'elle peut être suivie d'une nouvelle union formée avant qu'il ait été statué sur le pourvoi. Il importait donc de prévenir les difficultés qui auraient pu naître d'une semblable situation. Mais la séparation ne rompt pas le mariage ; elle n'est même pas irrévocable puisque les époux peuvent se réunir. Il n'y a donc aucun inconvénient à ce que le pourvoi en cassation ne soit pas ici suspensif. L'article 307 est d'ailleurs là pour qu'on ne puisse étendre à la séparation l'article 263 relatif au divorce.

CHAPITRE IV.

DES EFFETS DE LA SÉPARATION DE CORPS.

Le but principal de la séparation de corps est d'affranchir les époux de l'obligation d'une vie commune. Aussi portait-elle autrefois le nom de séparation d'habitation.

Le lien du mariage subsiste toujours, mais il est relâché ; c'est une sorte de divorce *quoad thorum et mensam,* mais qui laisse subsister l'espoir et la possibilité d'une réconciliation. Tous les devoirs du mariage qui ne dérivent pas nécessairement de la communauté d'habitation doivent donc continuer d'exister après la séparation de corps.

Nous aurons en conséquence à rechercher quels sont les devoirs qui ne subsistent plus et quels sont ceux qui restent intacts.

Nous diviserons ce chapitre en trois sections consacrées aux effets de la séparation de corps relatifs aux époux, relatifs aux enfants, et relatifs aux biens.

SECTION I.

Effets relatifs à la personne des époux.

§ I. *Devoirs qui ne subsistent plus.*

La séparation de corps dispense les époux de la vie commune ; chacun d'eux peut donc habiter séparément. La femme n'est plus obligée, d'après l'art. 214, d'habiter avec son mari ; celui-ci ne peut plus être forcé de la recevoir dans sa demeure.

La faculté accordée à la femme séparée de corps de se choisir un domicile, est d'ailleurs sans limite ; les tribunaux qui peuvent lui en imposer un pendant l'instance en séparation de corps, n'ont plus ce droit après que leur décision a été rendue.

La femme peut même aller habiter à l'étranger si elle le veut. Cependant dans le cas où la garde des enfants lui a été confiée elle ne doit pas entraver, en allant s'établir trop loin, le droit qui reste au père de voir et de surveiller ses enfants. C'est d'ailleurs une question de fait qui est laissée à l'appréciation des juges. Si la femme s'obstinait à s'éloigner, de manière que le mari fût dans l'impossibilité de communiquer avec ses enfants autrement que par lettre, le tribunal pourrait sur sa demande retirer la garde des enfants à la mère.

La femme, malgré son droit de se choisir une résidence où il lui plaît, conserve-t-elle d'après la loi le domicile de son mari, ou bien acquiert-elle par le fait de séparation un domicile distinct?

Merlin enseigne que la femme conserve toujours son domicile chez son mari; plusieurs arrêts ont été rendus dans ce sens. On se fonde pour soutenir ce système sur l'art. 108 qui ne fait aucune distinction à l'égard de la femme séparée de corps, tandis qu'il prévoit au contraire le cas où le mineur a été émancipé. Le domicile, dit-on, est établi pour l'exercice des droits actifs et passifs; donc les personnes qui exercent leurs droits par le ministère d'un tiers doivent avoir le même domicile que ce tiers. De ce que le mineur émancipé peut avoir un domicile à part, il n'en résulte pas nécessairement que la femme puisse également en avoir un après sa séparation. Car il y a une grande différence entre les deux cas : la tutelle ne survit point à l'émancipation, tandis que le pouvoir marital survit à la séparation de corps.

Ce système ne peut être admis. Les raisons qui servent de fondement à la décision de l'art. 108 n'existent plus au cas de séparation, puisque la femme ne réside plus avec son mari, et qu'elle peut en conséquence avoir ailleurs son principal établissement.

La personne, dit-on, qui a besoin d'un protecteur, doit avoir le même domicile que ce protecteur. Mais alors le mi-

neur émancipé devrait avoir le même domicile que son curateur. Si on fait une exception en faveur du mineur émancipé, on est conduit par analogie à l'étendre à la femme
séparée de corps; la capacité de l'un a plus d'un point de
ressemblance avec la capacité de l'autre, et même la femme
séparée reçoit de la loi une bien plus grande liberté que le
mineur.

Quant au pouvoir marital que l'on objecte, sans doute il
existe encore, mais on conviendra qu'il est au moins affaibli,
et c'est précisément la question de savoir s'il est assez affaibli pour permettre à la femme d'avoir un domicile séparé.

D'ailleurs, comme le dit M. Valette, sur Proudhon : « Le
chapitre de la séparation de corps n'indique pas les effets de
la séparation quant à l'état des époux, et s'en réfère purement et simplement à cet égard aux principes antérieurement
reçus. » Or, Pothier dit que « lorsqu'une femme est séparée
d'habitation par un jugement qui n'est suspendu par aucun
appel, ni opposition, elle peut s'établir au domicile qui lui
est propre. »

Adopter l'opinion contraire, c'est faire tourner au préjudice de la femme une mesure que l'on croit lui être favorable : ne serait-ce pas, en effet, en obligeant la femme à
conserver son domicile chez son mari, l'exposer à la vengeance de celui-ci, que de lui faire adresser des citations au
domicile du mari? Il pourrait les détourner et lui causer
ainsi un préjudice considérable.

Les époux se doivent-ils toujours le devoir d'assistance
personnelle que leur commande l'art. 212?

M. Demante enseigne que la séparation laisse subsister
aussi dans toute sa force ce devoir mutuel. Nous pensons
plutôt au contraire, avec Zachariæ, « que les époux séparés
de corps ne se doivent plus aucune assistance personnelle. »
Le devoir d'assistance est une conséquence de la communauté de vie; dès que cette communauté vient à cesser, ce
devoir perd alors tout son caractère obligatoire. Les époux

sont séparés ; la loi ne peut plus les réunir malgré **eux**; chacun doit supporter seul désormais les peines et les plaisirs de sa vie. On ne pourrait en effet sans rétracter en quelque sorte le jugement qui a prononcé la séparation, obliger un époux de recevoir son conjoint infirme ou malade, ou de se rendre près de lui pour lui donner ses soins.

§ 2. *Devoirs qui subsistent.*

Le mariage n'étant point dissous, il en résultè que tous les devoirs qui sont attachés à la qualité d'époux continuent d'exister comme auparavant.

Ainsi les époux se doivent toujours fidélité. Le mari sera donc recevable à faire condamner sa femme pour adultère. Quant au mari, si le devoir de fidélité n'en existe pas moins pour lui comme avant la séparation, sa faute ne tombera plus sous l'application de la loi. Il ne pouvait, en effet, être condamné que quand il avait tenu une concubine dans la maison commune. Or, depuis la séparation il n'y a plus de maison commune.

De ce que le mariage n'est pas dissous, en résulte-t-il qu'on doive continuer d'appliquer l'article 312? Le mari séparé de corps ne pourra-t-il invoquer que les causes de désaveu ordinaire?

Sous l'empire du Code la séparation laissait subsister intact le principe : *pater is est quem nuptiœ demonstrant.* Il y avait là tout à la fois une inconséquence et une injustice.

Une inconséquence, car la règle *pater is est......* a pour fondement la cohabitation des époux, leur affection mutuelle, et surtout la surveillance maritale qui ne permet point à la femme de s'éloigner de son époux. Or, cette base de la présomption manque absolument après la séparation de corps.

Une injustice, car en évitant de tenir secrète sa grossesse, la femme séparée de corps pouvait publiquement vivre dans l'adultère, sans que son mari eût aucun moyen d'écarter la fausse paternité que lui attribuait sa qualité de mari. De plus la femme pouvait même forcer son mari à la reprendre. Car, si l'enfant est du mari, c'est qu'il y a eu réconciliation. Il ne peut donc plus invoquer le jugement de séparation.

Une loi du 6 décembre 1850, rendue sur la proposition de M. Demante, est venue apporter un remède à ce fâcheux état de choses; sans détruire la présomption de paternité établie à l'égard du mari par l'article 312, elle l'a considérablement affaiblie, en lui facilitant l'action en désaveu, fondée sur la séparation. Cette loi, qui forme le second alinéa de l'article 313, est ainsi conçue : « En cas de séparation de corps prononcée ou même demandée, le mari pourra désavouer l'enfant qui sera né 300 jours après l'ordonnance du président rendue aux termes de l'article 868 du Code de procédure, et moins de 180 jours depuis le rejet définitif de la demande ou depuis la réconciliation. L'action en désaveu ne sera pas admise, s'il y a eu réunion de fait entre les époux. »

Ainsi le mari, pour désavouer l'enfant, n'a qu'à prouver qu'il est né trois cents jours après que sa femme a été autorisée par le président à quitter le domicile conjugal, et moins de cent-quatre-vingts jours depuis le rétablissement de la vie commune. Il n'a pas besoin de prouver qu'il n'y a eu aucun rapprochement entre sa femme et lui. La non-réunion des époux étant le fait présumé, c'est aux adversaires du mari qui prétendent que la réunion a eu lieu, d'en rapporter la preuve.

Après la séparation de corps, les époux continuent de se devoir réciproquement des secours en vertu de l'article 212; car le mariage n'est pas dissous. Peu importe du reste que l'époux qui est dans la pauvreté ait été la cause de la séparation; bien qu'il ait été coupable, son conjoint n'en doit pas moins accomplir tous ses devoirs envers lui et venir à son aide. Toutefois les tribunaux devraient se montrer plus

favorables à un époux innocent, qu'à celui qui, par ses fautes, aurait amené la séparation.

La puissance maritale n'est point détruite par la séparation;
elle est affaiblie, il est vrai, mais la femme n'en reste pas moins
soumise à la dépendance de son mari. Il s'en suit donc que
la femme séparée de corps qui voudra ester en justice, ou
qui voudra donner, aliéner, etc., devra obtenir à cet effet
l'autorisation de son mari. Les articles 215 et 217 semblent
n'exiger cette autorisation que pour la femme séparée de
biens, puisqu'ils ne disent rien de la femme séparée de
corps. Mais ces articles soumettent toute femme mariée à la
nécessité de l'autorisation. Or, la femme séparée de corps
est toujours mariée; elle est aussi, d'ailleurs, séparée de
biens, puisque c'est un des effets nécessaires de la séparation de corps, et se trouve ainsi comprise implicitement dans
la disposition des articles 215 et 217. Mais tout en restant
soumise à l'autorité du mari, et à la nécessité d'obtenir son
autorisation, la femme reprend cependant l'administration
de ses biens, ainsi que nous le verrons.

Aux termes de l'article 506 du Code Napoléon, le mari
est de droit le tuteur de sa femme interdite. La tutelle
doit-elle lui appartenir également en cas de séparation de
corps?

Une distinction semble devoir être faite ici : si la séparation a été obtenue par le mari contre sa femme, il n'est
point douteux que, malgré la séparation, il ne puisse revendiquer la tutelle ; car c'est une conséquence de la puissance
maritale qui subsiste toujours, et les torts de la femme ne
peuvent priver le mari de ce droit.

Mais il en doit être autrement si la séparation a été prononcée à la requête de la femme contre son mari. Cette
séparation ayant nécessairement eu pour cause des excès,
des injures graves ou un adultère, avec cette circonstance
aggravante que le mari a tenu sa concubine dans la maison
commune, ce qui constitue pour la femme la plus grave des

injures, le mari doit être déclaré indigne de conserver ou de prendre la tutelle de sa femme.

L'article 2253 porte que la prescription ne court pas entre époux. Un arrêt de la Cour de Bruxelles déclare qu'elle court entre les époux séparés de corps. Cette décision est en opposition manifeste avec l'article que nous venons de citer. La loi ne distingue pas en effet si les époux sont séparés ou non; ils sont époux, cela suffit pour qu'on prohibe une disposition qui ne pourrait donner lieu qu'à des débats irritants.

SECTION II.

Effets relatifs aux enfants.

Le Code Napoléon avait décidé en matière de divorce (302) que les enfants seraient confiés à l'époux qui aurait obtenu le divorce, à moins que le tribunal, sur la demande de la famille ou du ministère public, n'ordonnât pour le plus grand avantage des enfants que tous ou quelques-uns d'entre eux fussent confiés aux soins soit de l'autre époux, soit d'une tierce personne. D'après l'article 303, quelle que fût la personne à laquelle les enfants étaient confiés, les père et mère conservaient respectivement le droit de surveiller l'entretien et l'éducation de leurs enfants, et étaient tenus d'y contribuer à proportion de leurs facultés.

Les motifs de cette décision se rencontrent également en matière de séparation de corps, et il semble dès lors équitable d'en faire ici l'application. La raison qui a inspiré le législateur est que l'époux qui a obtenu le divorce offre le plus de garantie. Or, le conjoint au profit duquel la séparation a été prononcée se trouve absolument dans le même cas.

On a fait contre cette application des articles 302 et 303 des objections, et plusieurs arrêts ont même décidé qu'il ne fallait point étendre cette disposition à la séparation de corps.

On allègue en effet que l'article 373 donne au père seul pendant le mariage l'autorité sur la personne de ses enfants. Or ici le mariage subsistant après la séparation, la garde devrait revenir au père seul. Mais pour que ce raisonnement fût exact, il faudrait que la garde des enfants résultât nécessairement de l'autorité paternelle. Il n'en est pas ainsi, et l'article 302 lui-même le prouve. Si après le divorce le mari conservait la puissance paternelle, si bien que malgré la mère il pouvait consentir seul au mariage de ses enfants, user envers eux du droit de correction, les émanciper ; la garde pouvait cependant lui être enlevée et être donnée à la mère ou à une autre personne. Les articles 373 et 302 ne s'excluent donc pas l'un l'autre.

L'intérêt des enfants est d'ailleurs si manifeste qu'il est impossible de ne pas appliquer les articles 302 et 303. Si on ne croit pas devoir user ici des dispositions qu'ils contiennent, quelles mesures prendra-t-on à l'égard des enfants ? Devra-t-on les laisser à la garde d'un père dont l'inconduite aura amené la séparation de corps ? Ce serait en vérité se soucier bien peu de leur avenir que de les exposer à n'avoir sous les yeux que de tristes exemples ! Si on reconnaît d'ailleurs que l'article 267 qui permettait au tribunal de retirer provisoirement la garde des enfants au mari demandeur ou défendeur en divorce, doit s'appliquer à la séparation de corps, il nous semble qu'à plus forte raison on devrait lui appliquer l'article 302 ; car l'intérêt des enfants pourrait être plus gravement compromis ici.

L'article 302 exige une demande de la famille ou du ministère public pour que la question de la garde des enfants soit soumise au tribunal ; dans le cas contraire, l'époux qui a obtenu la séparation conserve les enfants avec lui. Le tribunal n'est pas obligé non plus de suivre l'avis du conseil de famille, s'il reconnaît que cet avis n'est pas en harmonie avec l'intérêt des enfants. Il jouit du reste à cet égard de la plus grande latitude ; ainsi il peut confier les fils au père, les filles à la mère ; il peut même, lorsque la conduite des deux époux est digne de confiance, décider que les enfants seront placés alternativement sous la surveillance de leurs père et mère.

Du reste, les décisions relatives à la garde et à l'éducation des enfants étant par leur nature même des mesures toujours provisoires, sont par là même susceptibles d'être modifiées ou rapportées suivant le changement qui peut résulter des circonstances.

Les juges n'étant pas liés par l'avis du conseil de famille, et ne devant avant tout que chercher l'intérêt des enfants, il en résulte que non-seulement le père indigne peut être privé de la garde de ses enfants, qui sont alors confiés à la mère, mais que les deux époux, lorsque leur conduite les rend indignes de surveiller leurs enfants, peuvent être également privés de leur garde. Le tribunal doit alors confier le enfants à une tierce personne, ou bien ordonner que leur majorité ou leur émancipation ils resteront dans une maison d'éducation qu'il désigne à cet effet, le père et la mère pouvant d'ailleurs les y venir visiter, et par suite surveiller leur éducation.

Les époux pourraient également convenir qu'au lieu d'être confiés aux soins de l'un d'eux, les enfants seront placés dans une maison d'éducation convenable. Le tribunal, s'il reconnaissait que cette convention est pour le ǀplus grand avantage des enfants, devrait alors la sanctionner.

La femme est tenue de contribuer avec son mari aux frais d'entretien et d'éducation des enfants communs, quel que soit celui d'entre eux qui ait été chargé de leur garde. Si les droits des époux n'ont pas encore été liquidés, chacun devra contribuer au paiement des frais d'éducation par moitié ; dans le cas contraire, le règlement de leurs droits indiquera la manière dont les frais devront être supportés.

L'article 303 veut que, quelle que soit la personne à laquelle les enfants soient confiés, les père et mère conservent res_pectivement le droit de surveiller l'éducation de leurs enfants. Le père privé de la garde de ses enfants conserve-t-il tous les droits de la puissance paternelle ? Dans le sens de la négative on pourrait dire que surveiller n'est pas diriger ; que si l'on devait entendre l'article 303 en ce sens que le père conserve tous les droits de la puissance paternelle, la loi eût été inconséquente, puisque tout en retirant au père l'un des éléments essentiels de la puissance qu'il tient de son titre, parce qu'elle le juge indigne de l'exercer, elle aurait cependant obligé la mère ou le tiers qui doit le remplacer à se conformer à sa décision pour tout ce qui tient à l'administration et à l'éducation de ses enfants. On ne saurait, ajoute-t-on encore, admettre que la puissance paternelle fût maintenue telle qu'elle est établie par les articles 372 et suivants. Le père qui ne peut le moins, c'est-à-dire prendre soin de la personne de ses enfants, ne saurait pouvoir le plus, c'est-à-dire exercer l'acte qui caractérise le plus haut degré de la puissance paternelle.

Nous préférons l'opinion contraire. Lorsque le père est privé de la garde de ses enfants, la puissance paternelle est modifiée sur ce point seulement, et est maintenue pour le reste ; tous les autres droits qui en dérivent, tels que ceux de correction, d'émancipation, continuent donc d'exister en sa personne. La puissance paternelle appartient au mari seul pendant toute la durée du mariage, et il ne peut en être dépouillé qu'en vertu d'un texte formel. Les articles 302 et 303 parlent uniquement de la garde des enfants ; on ne peut étendre au-delà de ses limites l'exception qu'ils comprennent, et en conclure que la puissance paternelle n'existe plus. Il a du reste été plusieurs fois jugé dans le sens que nous indiquons, que les articles 372 et suivants, après la séparation, doivent continuer à être observés, bien que la garde des enfants ait été confiée à la mère.

M. Delvincourt pense que cette garde constitue une tutelle déférée à la mère ou au tiers, et, en conséquence, il appelle un conseil de famille à délibérer sur la conduite ou les intérêts du mineur. Mais la loi n'a jamais admis des tuteurs par assimilation, et la convocation du conseil de famille ne repose ici sur aucun texte de la loi ; décider autrement serait du pur arbitraire.

Le tribunal, en accordant à la mère la garde de ses enfants, pourra également lui confier le soin de leur éducation ; le père n'aurait alors de ce chef qu'une simple surveillance à exercer, sauf à lui à recourir à la justice s'il devenait nécessaire de restreindre l'étendue des pouvoirs accordés à la mère.

Aux termes de l'article 386 du Code Napoléon, l'usufruit que la loi accorde au père, et après le décès du père à la mère sur les biens de leurs enfants, n'a pas lieu au profit de l'époux contre lequel le divorce a été prononcé. Doit-on étendre cette disposition à la séparation de corps? M. Delvincourt adopte l'affirmative. D'après lui les peines pécuniaires attachées au divorce étant reconnues applicables à la séparation de corps, il est juste de décider de même pour l'usufruit légal dont la perte constitue une véritable peine pécuniaire. Toutefois, cette opinion n'est pas suivie par la majorité des auteurs. Elle semble, en effet, trop contraire à la fois aux textes et à l'esprit de la loi.

L'article 384 ne prononce cette déchéance que dans le cas de divorce. Les motifs d'ailleurs ne sont point les mêmes. La séparation ne cause point aux enfants le même tort que le divorce qui permettait au père et à la mère de se remarier. Du reste , si l'usufruit est retiré au père , à qui le donnera-t-on, à la mère ? Mais l'article 384 déclare que la mère ne peut en jouir qu'après la mort du père. L'usufruit légal étant un des attributs de la puissance paternelle, il est bien évident qu'il doit appartenir, tant que dure le mariage, à celui qui a cette puissance, à moins qu'une disposition formelle de la loi ne vienne décider le contraire. Il faudrait donc en arriver à abandonner aux enfants eux-mêmes cet usufruit. Or, n'est-ce pas engager d'une façon fâcheuse les enfants, par suite de leur intérêt, dans des débats et des discussions auxquels ils doivent rester complétement étrangers? D'ailleurs, enlever l'usufruit légal au père, ce serait mettre un obstacle à la cessation de la séparation, en lui faisant produire un effet perpétuel ; car les époux qui voudraient se réconcilier n'auraient aucun moyen pour reprendre l'usufruit des biens de leurs enfants.

Le père, à qui la garde de ses enfants a été retirée, conserve-t-il néanmoins le droit d'administrer leurs biens ?

M. Massol fait une distinction : si le père a l'usufruit légal des biens de ses enfants, il continuera d'administrer; la jouissance lui appartenant, il doit avoir le moyen de la rendre la plus fructueuse possible. Dans le cas au contraire où l'usufruit n'est pas dévolu au père, l'administrateur de la personne des enfants doit gérer leurs biens, parce que l'administration de la personne entraîne celle des biens.

Cette distinction ne nous paraît pas devoir être admise. Que le père ait ou non l'usufruit des biens, il doit conserver le droit de les gérer. L'administration des biens des enfants est l'un des attributs de la puissance paternelle. Pour décider que le père en doit être privé, il faut produire une disposition formelle de la loi à cet égard; or, il n'en existe aucune.

Nous devons donc décider, ainsi que nous l'avons fait pour l'usufruit légal, que la séparation n'aura point pour effet de priver le père de l'administration des biens de ses enfants.

Section III.

Effets relatifs aux biens.

La séparation de corps entraîne toujours celle de biens. (Art. 311.) Il en était ainsi dans notre ancienne jurisprudence. « La séparation d'habitation, dit Pothier, emporte avec elle celle de biens ; elle fait perdre au mari le droit qu'il avait sur les biens de sa femme qui peut, en conséquence, le pour-

suivre pour la restitution de sa dot. Lorsqu'il y avait communauté de biens, la séparation d'habitation en opère la dissolution. » La communauté de biens fait supposer, en effet, la
communauté d'existence. Or, la séparation de corps mettant
fin à la communauté de ménage et à la collaboration des
époux, doit faire cesser la communauté de biens qui en est la
conséquence. La femme qui, confiante en l'affection de son
mari, lui avait abandonné l'administration de ses biens, la
reprend désormais et devient capable de faire tous les actes
qui concernent cette administration, comme étant tacitement
autorisée par le jugement qui la rétablit dans la possession
de ses propres. Elle peut aussi disposer de son mobilier et
l'aliéner (1449). Mais elle ne peut aliéner ses immeubles
qu'avec l'autorisation de son mari ou de justice.

La séparation de biens résultant de la séparation de corps,
produit les mêmes effets que si elle avait été prononcée par
action principale. Mais la séparation de biens accessoire
doit-elle, comme la séparation de biens principale, remonter,
quant à ses effets, jusqu'au jour de la demande ?

Un premier système défendu par MM. Toullier, Duvergier,
Aubry et Raux, Troplong, Massol, etc., enseigne cette rétroactivité, sinon à l'égard des tiers, du moins en ce qui concerne
les intérêts des époux. (Troplong.)

L'article 1445, dit-on, établit que le jugement qui prononce la sépration de biens remonte, quant à ses effets, au
jour de la demande. Or, celui qui prononce la séparation de
corps, prononce également la séparation de biens ; donc on
doit appliquer ici l'article 1,445, qui ne fait aucune distinction quant à la manière dont la séparation de biens a
lieu.

Les raisons d'admettre la rétroactivité sont d'ailleurs les
mêmes dans les deux cas. L'époux demandeur ne doit pas
souffrir des lenteurs de la procédure et de la résistance injuste du défendeur qui ne cherche peut-être à faire traîner
le procès, que pour jouir plus longtemps des biens de son

conjoint, pour pouvoir peut-être prendre sa part d'une riche succession qui est sur le point de s'ouvrir et dont il serait privé si la séparation était prononcée immédiatement.

Le demandeur doit obtenir les mêmes avantages que si le tribunal avait statué sur la demande aussitôt après son introduction.

Nous n'admettons pas cette opinion; les raisons qu'on donne pour justifier la rétroactivité en matière de séparation de biens, ne sont plus les mêmes quand la séparation de biens n'est que la conséquence de la séparation de corps.

Et d'abord il n'y a aucun motif d'admettre que si la rétroactivité a lieu, elle n'a d'effet qu'entre les époux, et ne peut être opposée aux tiers; s'il s'agit de protéger la femme, il ne faut pas prendre une disposition qui laisserait au mari la possibilité de nuire à sa femme par ses arrangements avec des tiers. Si on restreint ainsi les effets de la rétroactivité, les avantages qu'elle pourra procurer à la femme seront à peu près illusoires. La non-rétroactivité à l'égard des tiers est fondée sur le défaut de publicité de la demande qui n'est pas exigée pour la séparation de corps. Mais si on veut appliquer l'article 1445, il faut l'admettre dans son entier, et reconnaître que si la séparation de biens rétroagit au jour de la demande, il doit en être ainsi aussi bien pour les tiers que pour les époux.

Nous ne pensons pas que l'article 1445 puisse être appliqué ici. L'analogie qu'on invoque pour assimiler en tous points la séparation de biens accessoire et la séparation de biens principale, n'existe pas. La séparation de biens principale est prononcée à cause du désordre des affaires du mari. La femme qui est en péril de perdre sa dot, demande protection à la justice. Or, pendant que sa demande est examinée, le péril n'en continue pas moins à exister; il augmente même par l'effet de la demande. Il est donc juste dans ce cas de faire rétroagir l'effet de la séparation jusqu'au jour de la demande.

Mais la séparation de biens accessoire est très-différente ; ce n'est plus sur le désordre des affaires du mari qu'elle est fondée ; c'est sur la rupture de la vie commune dont la communauté de biens était la conséquence naturelle. Dès que la cause vient à cesser, il doit en être de même de l'effet. La femme n'a donc rien à redouter ici ; ce n'est point la crainte de perdre sa dot qui lui fait demander sa séparation de corps ; ce n'est point un remède qu'elle cherche à un mal menaçant comme dans le cas de séparation de biens principale.

D'un autre côté, la séparation de biens est soumise à des mesures de publicité qui garantissent les tiers contre les effets dangereux de cette rétroactivité. Or, aucune de ces mesures n'est prescrite pour la séparation de corps ; on ne peut donc admettre ici une disposition qui serait si injuste à l'égard des tiers, puisqu'ils ne pourraient se reprocher d'avoir manqué de prudence et de n'avoir pas pris connaissance d'une demande qu'ils étaient en droit d'ignorer.

Nous avons dit plus haut que si on n'admettait la rétroactivité qu'à l'égard des époux, la protection qu'on veut donner à la femme sera à peu près illusoire, et que d'ailleurs rien ne permet, si on veut invoquer l'art. 1445 de n'admettre qu'une partie des dispositions qu'il renferme.

Nous estimons donc qu'il faut entièrement écarter l'art. 1445. On nous oppose encore le principe général de la rétroactivité des jugements. Le demandeur, dit-on, ne doit pas souffrir de la lenteur de la justice et de la résistance de son adversaire.

Laissons de côté le motif tiré de la lenteur inévitable de la procédure ; les délais de la justice sont le résultat même de la nature humaine, qui ne peut arriver à connaître la vérité qu'à travers le temps. C'est un cas de force majeure dont on ne saurait rendre le défendeur responsable ; car il peut aussi lui avoir un grand intérêt à ce que le procès soit vidé sans retard. La véritable raison de la rétroactivité des jugements

est que le demandeur ne doit pas souffrir de la résistance injuste du défendeur. On doit donc mettre les choses dans l'état
où elles auraient été si le défendeur eût acquiescé à la demande dès qu'elle a été formée. Le principe de la rétroactivité
est donc fondé sur ce que le défendeur pouvait et devait
acquiescer à la demande.

Or les motifs de ce principe peuvent-ils s'appliquer au cas
qui nous occupe ? Le défendeur à la séparation de corps ou de
biens ne peut pas acquiescer, art. 307 et 1443. Aucun reproche
ne peut donc lui être fait d'avoir résisté à la demande formée
contre lui. C'était son droit et même son devoir. Le motif
qui sert de base à la rétroactivité n'existant plus, on ne peut
faire ici l'application de ce principe.

L'art. 1445, d'ailleurs, ne constitue pas l'application d'une
règle générale; c'est une exception qui est légitimée par l'intérêt de la femme, et par les mesures de publicité prises dans
l'intérêt des tiers. On ne peut donc étendre cette exception à
un cas que l'art. 1445 ne comprend évidemment pas.

Si on applique ici l'art. 1445, il faut dire que la séparation
de biens rétroagira même dans le cas où elle résultera d'une
séparation de corps obtenue par le mari contre sa femme. Or,
n'est-ce pas détourner manifestement cet article de son but
qui n'est que de protéger la femme contre la prodigalité de
son mari ? Puisque la femme ne demande pas sa séparation de
biens, c'est que la communauté est sans doute dans un état
prospère et qu'il n'y a aucune crainte à avoir sur la restitution de la dot. Ce n'est pas d'ailleurs parce qu'on est mauvais
mari qu'on doit être nécessairement mauvais administrateur.
La rétroactivité pourra donc tourner au désavantage de la
femme. En ne l'admettant pas on sert bien mieux ses intérêts. Si en effet la femme demanderesse en séparation de
corps craint que son mari n'abuse de ses pouvoirs pour se
livrer à des actes de prodigalité que le ressentiment pourrait
lui faire commettre, elle a un moyen bien simple de protéger
ses intérêts pécuniaires, c'est de former en même temps que

sa demande en séparation de corps une demande en séparation de biens. Le jugement qui interviendra rétroagira alors au jour de la demande.

Ce qui montre bien encore que la séparation de biens accessoire ne doit pas être assimilée entièrement à la séparation de biens principale c'est que tous les auteurs s'accordent pour reconnaître qu'il n'y a pas lieu d'appliquer ici l'article 1444 qui exige que la séparation de biens principale soit exécutée, à peine de nullité, dans la quinzaine du jugement.

Cette disposition est fondée sur ce motif que si la dot est en péril, la femme doit sans retard procéder à l'exécution du jugement; et que le retard qu'elle pourrait y mettre serait de nature à faire supposer la fraude. Or ce motif n'est pas applicable à la séparation de biens accessoire.

Nous voyons donc que les motifs qui amènent la séparation de biens principale ou accessoire ne sont pas les mêmes, et que par suite on ne peut appliquer à l'une des dispositions qui conviennent à l'autre, et qui pourraient n'être nullement justifiées.

Nous avons à examiner maintenant si les déchéances que le Code Napoléon prononçait dans le cas de divorce contre l'époux qui y avait donné lieu, doivent être également appliquées à la séparation de corps.

Mettons d'abord deux points sur lesquels on est généralement d'accord :

L'art. 767 qui enlève à l'époux divorcé son rang de successibilité ne peut être étendu à la séparation de corps. Celui-ci pourra donc toujours invoquer l'art. 723. La prohibition de l'art. 767 est fondé sur la perte de la qualité d'époux; or la séparation de corps ne détruisant pas les liens du mariage, il n'y a aucun motif pour étendre par analogie la disposition relative au divorce qui constitue moins une déchéance qu'un effet naturel et direct du divorce. Ce qui le prouve du reste, c'est que le droit de succéder est enlevé non pas à l'époux seul contre qui le divorce a été prononcé, mais à l'époux divorcé, c'est-à-dire même à celui qui a obtenu le divorce.

L'art. 1518 déclare que l'époux qui a obtenu soit le divorce, soit la séparation de corps, conserve ses droits au préciput en cas de survie. On peut donc en conclure, *a contrario,* que l'époux contre qui le divorce ou la séparation a été prononcée, perd son droit au préciput. Ainsi la séparation de corps est complétement assimilée ici au divorce. Merlin cependant prétend que « cet article ne dit pas par rapport à l'expectative du préciput le sort de l'époux contre lequel a été prononcée la séparation de corps. » Toullier dit également que s'il résulte de l'art. 1518 que l'époux coupable perd ses droits au préciput, « cette conséquence vraie dans les cas de divorce peut souffrir difficulté dans le cas de séparation de corps. » L'art. 1518 nous semble trop formel pour que l'on puisse avoir quelque hésitation sur l'application qui doit en être faite.

Quant à l'article 386, qui enlève à l'époux divorcé l'usufruit légal sur les biens de ses enfants, nous avons vu qu'il ne devait pas être étendu à l'époux séparé de corps.

La difficulté devient plus sérieuse en ce qui concerne les articles 299 et 300. Voici ce que disent les articles :

299. « Pour quelque cause que le divorce ait lieu, hors le cas du consentement mutuel, l'époux contre lequel le divorce aura été admis, perdra tous les avantages que l'autre époux lui avait faits, soit par leur contrat de mariage, soit depuis le mariage contracté. »

300. « L'époux qui aura obtenu le divorce conservera les avantages à lui faits par l'autre époux, encore qu'ils aient été stipulés réciproques, et que la réciprocité n'ait pas lieu. »

Plusieurs opinions se sont élevées au sujet de l'application de ces articles ; et chacune d'elles est défendue par des auteurs considérables.

La première enseigne que les donations entre époux ne sont ni révoquées de plein droit par la séparation de corps, ni révocables pour cause d'ingratitude. (Art. 955.)

La seconde n'admet pas non plus la révocation de plein droit, mais reconnaît que les donations peuvent être révoquées en vertu de l'article 955.

Enfin, la troisième admet, au contraire, la révocation de plein droit.

Nous allons examiner ces trois opinions, et nous verrons quels sont les motifs qui nous portent à donner la préférence à la troisième.

1re Opinion. Les donations ne sont ni révoquées de plein droit, ni révocables.

Les articles 299 et 300 ne sauraient être appliqués à la séparation. Les dispositions qu'ils contiennent ont un véritable caractère pénal, qui ne permet point de décider par analogie d'un cas à un autre. En vain prétend-on qu'il y a identité de motifs entre les deux situations, et que le législateur a eu certainement la volonté d'appliquer à la séparation ce qu'il établissait pour le divorce. Le législateur n'a pu vouloir cette assimilation, parce que les motifs n'étaient pas les mêmes. S'il avait eu cette volonté, il n'aurait pas manqué de s'en expliquer, ainsi qu'il l'a fait pour certaines dispositions, qui se retrouvent à la fois dans le divorce et la séparation. On applique bien, dira-t-on, à la séparation des règles propres au divorce; pourquoi n'en ferait-on pas de même pour les articles 299 et 300? — Il est certain que plusieurs dispositions relatives au divorce sont étendues à la séparation, bien que le Code n'autorise pas expressément cette extension. Mais ce ne sont guère que des dispositions réglementaires, qu'en l'absence même des textes propres au divorce, les magistrats auraient pu ordonner.

Mais l'article 299 est loin de n'être qu'une disposition réglementaire. D'ailleurs, la situation n'est plus la même; le divorce rendait cette révocation nécessaire; car « il n'était pas possible, dit M. Dupin, de laisser l'époux qui avait obtenu le divorce, vivre avec l'expectative que ces dons pourraient servir de dot à un second mariage, et d'héritage à d'autres enfants. » Ainsi, la révocation dans le cas de divorce n'avait pas seulement pour cause l'ingratitude de l'époux, elle était surtout la conséquence de la dissolution des liens du mariage, qui ne pouvaient plus désormais être reformés. Or, le motif qu'on invoque ne peut plus être produit quand il s'agit de la séparation. Ici le mariage n'est point dissous, la loi ne défend point aux époux séparés de se réunir : la révocation des donations pourrait même être un obstacle à leur réconciliation.

Si les donations ne sont pas révoquées de plein droit, elles ne sont pas non plus révocables pour cause d'ingratitude. D'après l'article 959 les donations en faveur du mariage ne sont pas révocables pour cette cause. Or, les donations que se font les époux rentrent évidemment dans cette classe ; elles ont le plus souvent pour but de faciliter le mariage, qui, sans cela, pourrait bien ne pas se former.

Ce système avait été adopté par la Cour de cassation et par quelques Cours d'appel ; elles décidaient, en conséquence, d'une part, que la révocation des donations n'avait jamais lieu de plein droit par suite de la séparation de corps, et, d'autre part, que les donations contractuelles entre époux ne sont pas révocables pour cause d'ingratitude. Mais le 23 mai 1845, la Cour de cassation revint sur le système qu'elle suivait depuis trente années, et malgré les efforts éloquents de M. Dupin, son procureur général, elle décida que les donations stipulées entre époux, soit par contrat de mariage, soit pendant le mariage, sont révoqués de plein droit par la séparation de corps prononcée contre l'époux donataire, et qu'il n'est pas besoin, pour que cette révocation ait lieu, de rechercher si des faits qui ont amené la séparation, résulte l'ingratitude.

2e *Opinion.* Les donations entre époux ne sont point révoquées de plein droit, mais elles sont révocables pour cause d'ingratitude, aux termes de l'article 953.

La séparation de corps n'est point une institution que le

législateur a voulu créer, mais bien rétablir ; cette pensée de rétablissement d'une institution que la loi du 20 septembre 1792 avait prohibée, apparaît dans les travaux préparatoires du Code. Or, puisqu'il s'agit non pas d'une institution nouvelle, mais bien d'une institution qui n'était abolie que depuis quelques années et qui, par conséquent, était connue des rédacteurs du Code dans son organisation et dans ses effets, il suffit d'interroger l'ancien droit à cet égard, car il est à supposer que les législateurs du Code ont dû vouloir rétablir ce qui existait autrefois.

Or, nous voyons que dans l'ancien droit la séparation de corps prononcée contre l'époux auquel des donations avaient été faites, permettait au conjoint donateur d'intenter contre lui une action en révocation. Il y avait, à cet égard, unanimité dans la doctrine et la jurisprudence.

Il est plus juste, d'ailleurs, au lieu d'admettre la révocation de plein droit des donations par suite de la séparation, de laisser aux juges la faculté de prononcer la déchéance. Car l'époux qui a obtenu la séparation de corps n'est pas toujours exempt de reproches ; quelquefois, bien que ses torts n'aient pas été assez graves pour être considérés comme une provocation susceptible de lui faire perdre le droit de demander la séparation, cependant les premiers torts sont venus de lui. Serait-il juste, dès lors, de déclarer son conjoint déchu de plein droit des avantages qu'il lui avait faits ?

La Cour de Caen a décidé, en ce sens, le 23 mai 1845, que les excès peuvent être assez graves pour faire prononcer la séparation de corps, sans avoir pourtant, sous un autre rapport, le caractère de gravité nécessaire pour faire révoquer les libéralités faites à l'époux contre lequel elle est prononcée.

On oppose à ce système l'article 959 qui déclare expressément que les donations en faveur du mariage ne sont pas révocables pour cause d'ingratitude.

Mais toute la question est de savoir si les donations entre

époux doivent entrer dans la classe des donations en faveur du mariage.

L'article 959 a défendu la révocation pour cause d'ingratitude des donations en faveur du mariage, parce que cette révocation constitue une véritable peine et que cette peine, si elle était prononcée, n'atteindrait pas seulement l'époux coupable, mais ses enfants aussi, car les donations en faveur du mariage sont présumées faites en faveur des enfants à naître. Mais ce motif n'existe pas pour les donations faites entre époux. Peu importe, en effet, aux enfants que tel bien soit dans le patrimoine de leur père plutôt que dans le patrimoine de leur mère, puisque étant également leurs héritiers, ils le retrouveront aussi bien d'un côté que de l'autre. Pour les donations faites par des tiers aux époux, il en est bien autrement, puisque la révocation fera revenir dens les mains des tiers donateurs les biens que les enfants auraient trouvés plus tard dans la succession de leurs père et mère donataires. Rien n'empêche donc ici la révocation de ces donations. D'ailleurs, d'après les débats qui se sont élevés lors de la discussion du Code, il résulte que l'exception au principe de la révocabilité pour cause d'ingratitude, avait pour objet l'intérêt des enfants à naître du mariage.

L'article 299 prononce la révocation de plein droit des donations entre époux; or, cet article serait inconciliable avec l'article 959, si celui-ci comprenait les donations faites par l'un des époux à l'autre. De plus, les articles 1082 et 1093 établissent formellement une différence entre les donations faites par des tiers aux époux ou à l'un d'eux, et qui sont présumées faites aux enfants à naître du mariage, et les donations faites par l'un des époux à l'autre, qui sont toutes personnelles et qui ne comprennent pas les enfants. Enfin, dans tous les autres articles où il est question des donations faites par l'un des époux à l'autre, ces donations sont toujours appelées entre époux, et jamais en faveur du mariage. Il en résulte donc qu'aux yeux de la loi les donations faites **entre** époux ne sont point des donations faites en faveur du mariage, et il n'y a pas lieu dès lors de leur appliquer les règles propres à ces dernières.

3e Opinion. — L'article 299 est applicable à la séparation de corps, et l'époux contre lequel elle a été prononcée perd de plein droit les avantages que son contrat de mariage lui a faits.

Le législateur a voulu, en effet, faire de la séparation de corps le divorce des catholiques ; il décida, en principe, que dans le cas où il y aurait lieu au divorce pour cause déterminée, il serait également permis d'obtenir la séparation de corps. Or, les causes étant les mêmes, les effets ne doivent pas être différents, en tant, bien entendu, qu'ils sont compatibles avec le principe de l'indissolubilité du mariage. Or, M. Treilhard (*Exposé des motifs*), nous apprend que « les effets de la séparation sont peu différents du divorce. » M. Rœderer dit que « ces effets sont les mêmes. » (Séance du conseil d'État du 16 octobre 1801.) On veut laisser l'usage de la séparation de corps, la *rétablir* (Locré). Or, d'après l'ancienne jurisprudence, la femme convaincue d'adultère perdait son douaire, sa dot, ses conventions matrimoniales et quel que fût même l'époux qui obtînt la séparation de corps, il pouvait faire prononcer la révocation des libéralités faites à son conjoint.

Ainsi on peut soutenir que le législateur a voulu, en rétablissant l'ancienne jurisprudence, étendre les déchéances du divorce à la séparation de corps. La déchéance des obligations faites en contrat de mariage est incompatible, dit-on, avec le lien du mariage. Notre ancienne législation, toute catholique qu'elle fût, admit cependant cette déchéance, qui n'a rien de contraire au maintien du mariage.

On objecte que l'article 299 est une disposition pénale qui ne peut être étendue d'un cas à un autre. Nous répondrons que c'est plutôt une déchéance fondée sur l'intention des parties. Toute convention est subordonnée à l'exécution des conditions sous lesquelles elle a été faite. La condition que l'époux donateur avait ici en vue, c'est l'accomplissement par son conjoint des devoirs que le mariage impose. Or, l'époux coupable a méconnu ces devoirs ; il n'a donc pas rempli la condition qui lui était imposée. Voilà la véritable cause de la déchéance qu'il encourt.

On prétend encore que la révocation prononcée par l'article 299 est fondée sur la dissolution du mariage, et que, par conséquent, elle ne peut être appliquée à la séparation de corps. Mais la preuve qu'il n'en est pas ainsi, c'est que le divorce par consentement mutuel ne la produisait pas, tout en dissolvant cependant le mariage. La vraie cause de la révocation dans le divorce, est donc, non la dissolution du mariage, mais l'ingratitude de l'un des époux envers l'autre, motif qui subsiste aussi en cas de séparation de corps.

La révocation, dit-on encore, empêcherait le rapprochement des époux séparés ; et l'on en conclut que la révocation n'était pas dans la pensée du législateur, parce qu'il désirait voir les époux se réconcilier et se réunir. Mais l'ancienne jurisprudence, qui favorisait autant et peut-être plus, les rapprochements des époux, admettait cependant la révocation des donations. D'ailleurs, les rapprochements sont assez rares après que la séparation a été prononcée, et il n'est pas à supposer que ce motif ait été le seul qui ait pu déterminer le législateur. Nous verrons que, quand les époux séparés se réconcilient, la séparation de biens ne peut cesser qu'autant qu'il intervient un acte passé devant notaire ; or, ne doit-il pas en être de même des donations ? La révocation, loin de mettre des obstacles à la réconciliation, la favorise au contraire, car l'époux donataire fera tous ses efforts pour reconquérir l'affection de son conjoint, et, au moyen de son affection, les libéralités qu'il a perdues.

On invoque aussi les articles 386 et 767, qui n'enlèvent qu'à l'époux divorcé l'usufruit légal des biens des enfants, et le droit de succéder à son conjoint. Mais il est facile de voir que ces dispositions ne sont que des conséquences de la dissolution du mariage. En effet, l'usufruit légal appartient au père pendant le mariage, et, après le mariage, au survivant des époux. Or, après le divorce, il n'y a pas d'époux survivant. A qui donc donner l'usufruit ? La justice voulait que ce fût à celui qui avait obtenu le divorce. De même, si l'époux ne peut plus succéder à son conjoint, c'est qu'après le divorce il n'y a plus d'époux, et que, par suite, la qualité à laquelle était attaché le droit de succéder n'existe plus. Les articles 386 et 767 sont donc une conséquence de la dissolution du mariage, tandis qu'il n'en est pas de même de l'article 299, et qu'il n'y a pas, par suite, la même raison de décider que cet article ne peut s'appliquer qu'au divorce seul.

L'article 1518, relatif aux dispositions préciputaires, confirme encore cette opinion : « Il exerce, à notre avis, dit M. Pont, une influence décisive sur l'ensemble de la question, et se présente comme impliquant nécessairement la pensée que la séparation et le divorce doivent produire les mêmes effets en ce qui concerne la révocation des avantages matrimoniaux..... Certes, si le législateur a cru devoir atteindre, par la révocation, jusqu'aux conventions matrimoniales sur la communauté, dans lesquelles les époux n'ont disposé l'un envers l'autre, que d'une chose qui leur était commune, à bien plus forte raison doit-on penser qu'il a voulu atteindre la donation que l'un des époux avait faite de ses propres à son conjoint, contre lequel il a fait prononcer plus tard le divorce ou la séparation de corps. Si l'époux coupable doit perdre le bénéfice d'une convention à titre onéreux, comment conservera-t-il celui d'une convention purement gratuite ? »

Remarquons enfin que, sous l'empire du divorce, le système contraire à celui que nous défendons eût été immoral, puisqu'il plaçait l'époux catholique entre son intérêt et sa conscience, entre un divorce avantageux et une séparation de corps sans avantages.

Nous avons indiqué, en étudiant le second système, les raisons qui faisaient admettre que les donations entre époux pouvaient être révoquées pour cause d'ingratitude, et qui permettaient de ne point ranger ces sortes de donations dans la classe des donations en faveur du mariage, pour lesquelles cette révocation n'existe pas. Dès lors, une double voie sera ouverte à l'époux offensé : la séparation de corps entraînant la révocation, ou la révocation demandée par action principale, pour cause d'ingratitude. On objecte en vain que la révocation de plein droit ferait double emploi avec celle qui serait demandée expressément.

M. Demolombe cite deux cas où le recours à l'article 955 ne sera pas inutile :

1° La séparation n'a pas été demandée ; l'époux outragé est mort sans connaître l'ingratitude de son conjoint, ou peu de temps après l'avoir connue, ou peut-être victime de l'attentat de son conjoint criminel ;

2° La séparation de corps est prononcée contre l'un des époux, le mari, par exemple ; la femme conserve les libéralités qu'il lui a faites par contrat de mariage. Elle commet un des actes prévus par l'article 955, et qui entraînent la révocation d'une donation quand ils émanent d'un donataire étranger. La séparation ne peut plus être demandée par l'époux offensé, puisqu'elle a déjà été prononcée. On appliquera donc utilement l'article 955.

L'époux contre lequel la séparation a été prononcée ne perd pas les donations qui lui ont été faites par les parents de son conjoint. L'article 299 ne s'applique qu'aux donations faites par l'un des époux à l'autre. La loi du 20 septembre 1792 renfermait une disposition contraire ; mais il n'est point permis d'étendre l'article 299 au-delà des cas qu'il comprend. Cette décision, quoique regrettable, doit être absolue. Ainsi, si l'époux contre qui la séparation a été prononcée s'est rendu coupable d'ingratitude envers les parents de son conjoint, la révocation des libéralités qu'il aura reçues d'eux ne pourra être admise, car il s'agit là de donations en faveur du mariage qui, par conséquent, ne peuvent être révoquées pour cause d'ingratitude.

Doit-on appliquer l'art. 299 aux donations testamentaires aussi bien qu'aux donations entre vifs ? L'affirmative a été résolue par la Cour de Toulouse, le 23 février 1848, et par la Cour de cassation, le 5 décembre 1849. L'art. 299 déclarant que l'époux contre lequel le divorce aura été admis perdra tous les avantages que l'autre époux lui aura faits, il s'agit de préciser et de fixer la portée du mot *avantages*. M. Nicias Gaillard, premier avocat général à la Cour de cassation, sur les conclusions duquel l'arrêt du 5 décembre 1849 que nous venons de citer, a été rendu, s'exprime ainsi : « Un avantage, c'est dans le sens le plus général, ce qui est utile, ce qui nous profite, toute chose heureuse qui nous arrive ; heureuse, ou que nous croyons telle, car souvent nous nous y trompons ! Dans la langue du droit, le mot avantage, sans perdre cette signification générale, s'entend dans une acception moins étendue, de ce que l'on reçoit au-delà de ce qui pourrait être dû, d'une libéralité, et cela, quels que soient la personne gratifiée, le mode ou la forme de la libéralité. »

D'ailleurs les motifs de révocation sont les mêmes dans un cas que dans l'autre. On peut dire, il est vrai, que le testament étant essentiellement révocable, le testateur en laissant subsister les premières dispositions qu'il a faites sans y rien changer, manifeste ainsi tacitement la volonté qu'elles soient exécutées. Mais une révocation qui s'accomplit de plein droit, implique l'idée d'une déchéance beaucoup trop absolue pour que, en l'absence d'une limitation expresse, elle doive respecter une libéralité par le seul motif qu'il dépendait de son auteur de l'anéantir. Lorsque la loi prononce une semblable révocation, elle ne se préoccupe pas de l'intention présumée du disposant. Ce n'est pas à lui qu'elle donne le droit de punir le donataire coupable, et si le donateur veut pardonner, il faut qu'il le déclare expressément.

Le pouvoir de révocation qui lui est réservé ne suffit donc pas pour soustraire le coupable à une peine dont la loi n'a pas confié l'application au donateur.

Quant à l'époux qui a obtenu la séparation, on doit décider d'après l'article 300, « qu'il conserve les avantages à lui faits par l'autre époux, encore qu'ils aient été stipulés réciproques, et que la réciprocité n'ait pas lieu. » Ces libéralités resteront donc avec le caractère qu'elles avaient à leur origine. Ainsi, ont-elles été faites par contrat de mariage, elles seront irrévocables ; n'ont-elles été faites que depuis le mariage, elles pourront être révoquées.

Toullier prétend que l'époux contre lequel le divorce ou la séparation a été prononcée, ne peut désormais révoquer les donations qu'il a faites à son conjoint, même depuis le mariage. « Si l'époux, dit-il, contre lequel le divorce est prononcé, pouvait révoquer les avantages qu'il a faits depuis le mariage, l'autre époux ne les conserverait plus comme le veut l'article 300 qui s'applique à ces avantages aussi bien qu'à ceux faits par contrat de mariage, comme il résulte de la généralité de sa disposition et de sa comparaison avec l'article 299 dont il est une suite. L'un fait perdre à l'époux coupable tous les avantages à lui faits, soit par contrat de mariage, soit depuis le mariage contracté ; l'autre les conserve à l'époux innocent. »

Adopter cette décision, c'est admettre plus que la loi ne permet, puisqu'elle dit simplement que l'époux conserve les avantages que son conjoint lui a faits, tandis que si les donations n'étaient plus révocables, non-seulement la séparation les conserverait telles qu'elles étaient auparavant, mais elle les rendrait définitivement certaines.

Enfin, si la séparation de corps avait été prononcée à la fois contre l'un et contre l'autre des époux, la révocation des avantages aurait lieu à la fois contre les deux époux. L'article 300 n'a prévu que le cas le plus ordinaire, et il ne peut s'élever de doute sur la possibilité de l'appliquer à ce dernier cas.

CHAPITRE V.

COMMENT LA SÉPARATION DE CORPS PEUT CESSER.

Sous notre ancienne législation nous avons vu que les juges avaient la faculté de ne prononcer la séparation que pour un temps limité. Il n'en est pas de même aujourd'hui. La séparation ne peut cesser que par la volonté des époux. Nous allons voir : 1° comment cette cessation peut avoir lieu ; 2° quels en sont les effets quant aux personnes et quant aux biens.

§ I.

Pour que la séparation de corps puisse cesser, il ne suffit pas que celui qui l'a obtenue veuille y renoncer. Il ne peut forcer son conjoint à revenir près de lui, ou à le reprendre. Plusieurs jurisconsultes ont cependant admis que le consentement réciproque des parties n'est pas nécessaire, et que celui qui a obtenu le jugement peut y renoncer et notifier à son conjoint qu'il entend se réunir à lui. (Duranton, Delvincourt, Vazeille, Locré.) L'époux qui a obtenu le jugement, disent-ils, peut ne pas s'en prévaloir, car chacun a le droit de répudier un avantage introduit en sa faveur ; en outre, l'époux qui a succombé ne peut se faire un titre du jugement qui a constaté ses torts. D'ailleurs, l'article 309 donne au mari le droit de reprendre sa femme, et d'arrêter ainsi l'effet de la condamnation prononcée contre elle.

Nous ne pensons pas que cette doctrine doive être suivie. En droit commun, un jugement crée entre les parties une situation nouvelle, analogue à celle résultant d'un contrat. Chacun a le droit, il est est vrai, de renoncer à un avantage établi en sa faveur, mais ce principe ne peut suffire pour faire cesser au gré d'une partie les rapports personnels qui naissent d'un jugement. Le vainqueur peut renoncer à son

droit, mais le perdant peut ne pas accepter cette renonciation : en perdant son procès, il a acquis le droit de se libé-
rer. On nous dira que le mariage a des règles spéciales. Mais
il n'en résulte pas pour cela qu'on puisse s'affranchir en cette
matière des autres règles du droit commun, surtout quand
la loi n'y a pas dérogé expressément.

On nous objecte l'article 309. Mais le cas qu'il prévoit est
tout autre que celui qui nous occupe; il s'applique, en effet,
à une hypothèse où il est impossible de ne pas supposer le
consentement de la femme. Le consentement des deux époux
est donc exigé même dans ce cas. D'ailleurs, l'article 1451
est formel : « La communauté dissoute par la séparation soit
de corps, soit de biens seulement, peut être rétablie du consentement des deux parties. »

Les deux cas sont identiques; si on exige le consentement
mutuel pour rétablir la communauté d'intérêts, à plus forte
raison doit-on le demander pour rétablir la communauté de
vie. Telle était, du reste, l'ancienne doctrine. « Observez, dit
Pothier, que pour le rétablissement d'une communauté qui
a été dissoute, par une sentence de séparation, il faut le
consentement mutuel de l'homme et de la femme. (*De la
communauté.*)

La séparation de corps est une mesure qui, en modifiant
l'état personnel des époux, intéresse aussi le bon ordre. Il a
été reconnu par justice que la vie commune leur est impossible; l'un d'eux a des torts. Il ne faut pas l'exposer à en
avoir de nouveaux, alors qu'il sent qu'il ne pourra pas
davantage supporter la vie commune. Il faut, d'ailleurs,
faire sentir à celui qui veut se séparer de son époux, la
gravité de sa résolution, et lui enlever toute idée de ne considérer la séparation que comme un éloignement passager
qu'il pourra, suivant sa fantaisie, faire cesser quand il le
voudra. D'un autre côté, l'époux contre qui la séparation a
été prononcée ne doit pas être à la merci de son conjoint.
D'ailleurs, que pourrait-on attendre de pareilles réunions

pour lesquelles le consentement de l'un des époux serait
pour ainsi dire forcé ?

Ainsi donc, le concours simultané des deux époux est nécessaire. Dès que l'accord existe, le jugement qui a prononcé
la séparation de corps est anéanti, sans qu'il soit besoin
d'un acte, d'aucune formalité judiciaire.

La réconciliation peut être, soit expresse, lorsqu'elle résulte d'un acte authentique ou sous-seings privés que les
époux auront fait rédiger pour marquer leur intention mutuelle de reprendre la vie commune; soit tacite, lorsqu'elle
résulte des circonstances, et qu'elle peut être prouvée par
témoins ou par présomptions. Quant aux faits qui peuvent
être regardés comme une preuve de réconciliation, ils sont
abandonnés à l'appréciation des magistrats qui doivent tenir
compte des circonstances et des intentions des époux. Ainsi
la femme séparée qui va soigner son mari malade, accomplit
un devoir de mariage, qui n'est pas exigé, il est vrai, par la
loi, mais qu'elle doit cependant favoriser. On ne saurait voir
là une preuve de réconciliation, sans mettre les époux en
défiance l'un de l'autre, et empêcher ainsi toute démarche
qui pourrait peut-être mener plus tard à une réconciliation.

Dans le projet de loi adopté en 1816 par la Chambre des
Pairs, dans le but de compléter la législation sur la séparation de corps, l'article 37 était ainsi conçu : « La séparation
cessera par le rétablissement notoire de la vie commune, ou
par la déclaration que feront les époux dans un acte authentique, qu'ils entendent faire cesser l'état de séparation. » Il
n'a pas été donné de suite à ce projet ; cette disposition n'est
du reste pas à regretter, puisqu'elle ne faisait qu'entourer
de difficultés le retour à la vie commune que tous les
efforts du législateur doivent tendre, au contraire, à favoriser.

La réconciliation anéantit la séparation quelle qu'en soit
la cause, même lorsqu'elle a été motivée par une condamnation. Delvincourt n'est cependant pas de cet avis, lorsqu'il
s'agit d'une séparation fondée sur cette dernière cause. Rien
ne justifie, du reste, une telle distinction.

La réhabilitation ne donne pas le droit à l'époux condamné de faire cesser sa séparation de corps. Aux termes de l'article 633 du Code d'instruction criminelle, la réhabilitation ne produit ses effets que pour l'avenir, et par conséquent ne peut nuire aux droits acquis par l'époux innocent.

Mais il en est autrement de la révision qui vient mettre à néant une condamnation reconnue injuste, (447. Inst. Crim.) avec tous les effets qu'elle avait produits. Or, ici la séparation étant la suite de cette condamnation, ne peut pas subsister plus longtemps qu'elle.

L'article 310 contenait encore un autre mode de cessation de la séparation de corps; mais depuis que le divorce a été aboli, ce mode n'existe plus.

§ 2.

Les époux étant réunis, le mariage revit comme auparavant; la séparation est censée n'avoir jamais existé. Les articles 108 et 214 doivent donc être remis à exécution. La puissance paternelle amoindrie par le jugement de séparation, appartient de nouveau au père dans toute son intégrité. La garde des enfants, lorsqu'il en a été privé, doit donc lui être rendue. Si la garde des enfants avait été confiée à un tiers, ce tiers pourrait avec raison refuser de se dessaisir de la mission qui lui a été donnée, jusqu'à ce que la justice l'ait autorisé à le faire, et mis ainsi sa responsabilité à couvert.

La cessation de la séparation produit aussi un effet sur les biens des époux, mais cet effet n'est plus aussi direct et aussi nécessaire que celui qui se produit pour les droits du mariage et de la puissance paternelle.

Sous l'ancienne jurisprudence, c'était une question controversée, de savoir si la réconciliation rétablissait de plein droit les époux dans la même situation qu'avant la séparation. Pothier enseigne que la réconciliation faisait renaître la communauté conjugale. Houard décidait même qu'elle

rendait à l'époux contre lequel la séparation avait été prononcée, tous les avantages dont elle l'avait privé. Mais Valin
et Renusson étaient d'un avis différent. C'est cette dernière
opinion qui a prévalu dans notre législation.

« La communauté dissoute par la séparation, soit de corps,
soit de biens, dit l'article 1451, peut être rétablie du consentement des parties. Elle ne peut l'être que par un acte passé
devant notaires et avec minute, dont une expédition doit être
affichée dans la forme de l'article 1445. »

Ainsi, la séparation de biens ne cesse pas nécessairement
quand cesse la séparation de corps, et peut même n'être pas
rétablie du tout. Le consentement des époux ne suffit pas
pour la faire renaître; il faut un acte authentique et une publicité destinée à faire connaître aux tiers que la situation
pécuniaire des époux qui avait été modifiée par la séparation
de corps, est redevenue ce qu'elle était au moment du mariage. On évite ainsi toute espèce de fraude.

L'article 1451 devrait recevoir son exécution même dans
le cas où la séparation de biens n'aurait pas été exécutée. En
effet, la communauté a été dissoute de plein droit par la séparation de corps, et indépendamment de tout acte de liqui-
dation; elle ne peut donc être rétablie que dans la forme
prescrite par l'article 1451.

Quoique l'article ne parle que du rétablissement de la
communauté, il faut évidemment l'entendre du rétablissement du contrat de mariage, quel que soit le régime qui y
soit établi. Les donations qui y sont faites doivent donc revivre, non pas de plein droit par l'effet de la réconciliation,
mais conformément à l'article 1451. Elles gardent donc leur
caractère de donations contractuelles. Ce serait une erreur
de les considérer avec Delvincourt, comme faites pendant le
mariage et par suite révocables; car elles sont rétablies
avec le contrat de mariage et au même titre. Les époux n'auraient même pas le droit de les exclure par l'acte authentique qui est exigé pour le rétablissement de la commu-

nauté ; l'article 1451 dit, en effet, que toute convention par laquelle les époux rétabliraient la communauté sous des conditions différentes de celles qui la réglaient antérieurement est nulle.

Comme il ne s'agit ici que d'exprimer la volonté d'un retour pur et simple au contrat de mariage, il en résulte que le renouvellement des donations qui y sont contenues, ne doit être soumis à aucune autre formalité.

Les époux mineurs ont le droit de demander seuls la séparation de corps ; à plus forte raison doivent-ils pouvoir la faire cesser par leur seul consentement. Ils pourront également seuls faire revivre leur communauté, car il ne s'agit que de rétablir un état de choses qui n'a été créé qu'avec l'autorisation des personnes dont le consentement est exigé par la loi.

CHAPITRE VI.

LE DIVORCE DOIT-IL ÊTRE RÉTABLI ?

La question du divorce, une des plus graves qu'on puisse se poser, a eu le privilége, en raison de sa gravité même, de soulever de vives controverses. Attaqué par les uns, défendu par les autres, le divorce a occasionné des luttes ardentes et passionnées lorsque les assemblées du pays ont été appelées à en discuter l'application. Malgré le principe prêché par l'Église de l'indissolubilité du mariage, plus d'un catholique s'est fait le champion du divorce, tandis que d'un autre côté plus d'un protestant s'en est fait l'adversaire. C'est ainsi que Montesquieu le soutenait tandis que J.-J. Rousseau le combattait, et qu'en Angleterre le libre-penseur Hume s'en déclarait l'adversaire.

Nous avons vu que le divorce d'abord seul usité avait été combattu par le christianisme dès son origine ; nous avons vu à la suite de quels efforts incessants l'Église avait enfin fait triompher sa doctrine et reconnaître l'indissolubilité du mariage. Le droit intermédiaire avait en 1792 renversé en peu de temps des principes que tant de siècles semblaient avoir si solidement établis, et remis le divorce en honneur, après avoir déclaré que le mariage n'était pas un contrat indissoluble. Le Code, tout en se montrant moins facile que la législation de 1792, le fit passer dans nos lois, mais en maintenant à côté la séparation de corps qu'on avait cru devoir supprimer en 1792. Aboli de nouveau en 1816, il trouva plusieurs fois des défenseurs qui se levèrent pour en réclamer le rétablissement au nom de la liberté de conscience, mais dont les efforts ne furent pas couronnés de succès.

Malgré les tentatives infructueuses dont il a, depuis 1816, été l'objet, malgré les arguments qu'on a fait valoir contre lui, et que nous entendons encore aujourd'hui répéter autour de nous, nous n'en pensons pas moins que le divorce est une institution utile et même nécessaire, et que loin d'être nuisible aux intérêts des époux, des enfants et de la société elle-même, il leur est au contraire favorable.

Il est une chose qu'avant tout nous devons établir : aux yeux de la religion catholique le mariage est indissoluble. Dès lors, il est évident que pour elle il ne peut être question de divorce. Nous en convenons, et, catholique nous-même, nous reconnaissons que nous devons nous soumettre aux règles tracées par notre religion. Mais tous les cultes n'admettent pas l'indissolubilité du mariage, et tous les Français ne sont pas catholiques. Le divorce peut donc être admis et pratiqué par ceux-là. C'est pourquoi, raisonnant au point de vue du droit seulement, et non au point de vue de la religion dont les principes sont si irrévocablement fixés à cet égard, nous allons rechercher si les avantages qu'on peut espérer du divorce ne sont pas suffisants pour en faire souhaiter le rétablissement, et répondre aux objections qu'on élève contre cette institution. « La question du divorce,

M. Treilhard, doit être discutée abstraction faite de toute idée religieuse ; et elle doit cependant être décidée de manière à ne gêner aucune conscience, à n'enchaîner aucune liberté ; il serait injuste de forcer le citoyen dont la croyance repousse le divorce, à user de ce moyen ; il ne le serait pas moins d'en refuser l'usage, quand il serait compatible avec la croyance de l'époux qui le sollicite. »

Le mariage offre ceci de remarquable, qu'aucun peuple n'a refusé de lui reconnaître un caractère de perpétuité que ne présentent point les autres contrats. Mais tout en donnant ce caractère de perpétuité au mariage, aucune législation soit politique soit religieuse avant le christianisme ne lui a assigné celui d'indissolubilité. Ainsi donc, entre l'intention de la perpétuité et la perpétuité réelle, on entrevoit la possibilité de la rupture du mariage. C'est de là, en effet, que naquit le divorce. Les religions qui n'intervenaient dans les mariages que pour les entourer d'un certain éclat et d'une certaine solennité, appuyèrent elles-mêmes le divorce, ou tout au moins ne lui opposèrent aucun obstacle.

Le Code a consacré et reconnu en principe aussi lui la perpétuité du mariage. Le mariage en effet est la base de la société, il forme les familles particulières dont se compose la grande famille de l'État. Il existe non-seulement dans l'intérêt des époux, mais dans celui des enfants auxquels s'étend aussi l'engagement contracté au moment du mariage. Mais, de ce que la destination du mariage est d'être perpétuel, les législateurs du Code n'avaient pas cru eux non plus, qu'il dût être indissoluble. Ils avaient pensé que si l'intérêt public réclame la perpétuité du mariage, il réclame aussi sa dissolution dans certains cas.

Tout en admettant le divorce, le code n'a pas voulu que la faculté d'y recourir pût devenir un abus. Car, si le droit de divorcer existait sans condition pour l'un ou l'autre époux et sur de simples allégations, le mariage serait altéré dans son essence même. Ce ne serait plus qu'une union fortuite qui n'aurait plus de garantie que dans la persistance de la volonté des époux et qui se confondrait bientôt avec le concubinage dont il ne différerait que par de vaines formes. Mais on a déterminé les cas dans lesquels le divorce était possible, et restreint les causes très-graves pour lesquelles il était admis. L'adultère, les excès, les sévices, les injures ou une condamnation infamante sont, en effet, des motifs bien assez graves pour faire reconnaître la nécessité de dissoudre un mariage dans lequel l'un des époux viole la foi conjugale, accable son conjoint de mauvais traitements ou d'injures, ou lui fait partager la honte d'une condamnation que son inconduite ou ses crimes lui ont attirée. Le Code ne s'est pas contenté d'exiger que les causes du divorce fussent déterminées et prouvées, il a voulu qn'elles fussent persévérantes et qu'un époux ne pùt pas dans un moment de ressentiment profond mais passager, ou sous l'empire d'une irréflexion malheureuse, briser en quelques instants les liens d'une union qui peut-être jusque-là avait été paisible; et qui, le nuage qui l'avait obscurcie un instant dissipé, pouvait encore avoir d'heureux jours.

Si le divorce avait été permis par consentement mutuel, ce n'est pas, ainsi qu'on le croit généralement dans le monde, pour permettre à des époux mal assortis de se délivrer de nœuds qui les gênent, et dans lesquels leur légèreté a pu les jeter; un tel motif n'eût été qu'une source d'abus, et le divorce n'aurait pas tardé à dégénérer en libertinage. Mais on avait compris qu'il est des causes de divorce qu'il importe à l'intérêt des époux, comme de la société, de ne pas divulguer, et de ne pas livrer à la publicité des débats et à la curiosité malsaine qui se glisse toujours dans de semblables affaires. Le consentement mutuel fut admis non comme cause, mais comme la preuve d'une autre cause légitimement existante, et suffisamment justifiée.

Le divorce n'empêche point les époux séparés de contracter un second mariage; décider le contraire eût été une inconséquence. Du moment, en effet, qu'on admet que le mariage est dissous, on doit également admettre toutes les suites que produit la dissolution du mariage par la mort de l'un des époux. Pour empêcher que le désir de contracter un second mariage ne poussât au divorce, et qu'une affection illégitime, conçue dans le cours d'une première union, ne fût un motif pour la rompre, le Code avait défendu à l'époux coupable d'adultère, et dont la faute avait amené le divorce, de se marier avec son complice ; de même dans le cas de divorce par consentement mutuel, les époux divorcés ne pouvaient se remarier qu'au bout de trois ans.

Il y a des mariages heureux et malheureux. Autant les uns sont une source de joie, de prospérité pour les époux, un juste titre à l'estime, au respect de la société, autant les autres sont un fléau, non-seulement pour les époux eux-mêmes, mais pour leurs enfants et la famille, autant ils troublent la société et outragent l'humanité. Or, à ce fléau, à ce mal inévitable, il faut bien un remède. Ce remède, c'est le divorce ou la séparation de corps, ou l'un et l'autre existant concurremment.

Nous venons de dire que le divorce rompait entièrement le mariage; que chaque époux devenait libre, et sauf quelques entraves fondées principalement sur la morale et l'ordre public, pouvait contracter un second mariage.

Quels sont les effets de la séparation de corps? Nous savons qu'elle ne dissout point le mariage; sauf cette différence capitale, les effets qu'elle produit sont à peu près les mêmes que ceux qui sont la suite du divorce, par rapport aux époux, aux enfants, à la famille. Mais elle laisse à la femme le nom de son mari ; elle lui donne la facilité de traîner dans la boue le nom que portent ses enfants et qui devrait être doublement sacré pour elle. Avec la séparation le mariage subsiste, et les époux jouissent chacun de leur côté d'une entière liberté. Le mariage subsiste, et cependant le mari n'a plus de femme, la femme n'a plus de mari. Chacun d'eux ne doit plus avoir de rapports avec l'autre. Les tribunaux ont reconnu la nécessité d'une séparation. Cependant la femme victime de la brutalité de son mari, lâchement et ignominieusement abandonnée par lui, reste encore sous sa dépendance, et est obligée de demander son autorisation pour contracter ou ester en justice.

Le divorce fait cesser un pareil état de choses que la raison publique repousse et que la morale condamne.

On nous objecte que le divorce est en opposition avec la loi religieuse, qu'il est oppressif pour la femme, injuste à l'égard des enfants, enfin contraire aux intérêts de la société.

Et d'abord, le divorce est en opposition avec la loi religieuse. — Oui, avec la loi du culte catholique; non, avec celle des autres cultes. Or, il s'agit ici d'une loi civile; il s'agit d'accorder ou de refuser des droits, des facultés, de remédier à des désordres qui troublent la société et peuvent la compromettre, de réglementer un lien civil, non un lien religieux. Lorsque l'état-civil des Français était entre les mains de la puissance religieuse qui en réglait tous les actes, lorsque le mariage recevait d'elle sa sanction, le divorce devait dériver du même principe; le ministre du sacrement était alors le ministre de la puissance civile. Mais, aujourd'hui, le mariage n'est plus qu'un contrat civil. Proscrire le divorce par cela seul que la religion catholique le défend, serait une injustice et une tyrannie envers les Français qui professent un culte dissident. Pourquoi leur refuser d'invoquer à leur tour leur foi et leurs croyances pour demander l'usage du divorce ? Enfin le Code en introduisant le divorce ne l'ordonnait pas, ne le commandait pas. La séparation de corps existait concurremment avec lui. Les époux étaient libres de choisir, et ainsi se trouvaient conciliés l'intérêt politique et la liberté des cultes, avec le respect que méritent les scrupules de la conscience.

Le divorce est, dit-on, oppressif pour la femme et funeste

aux époux, contraire à l'intérêt des enfants et de la société. Nous l'admettons aussi nous, si on veut prendre le divorce tel que l'avait fait la loi de 1792. Mais, il n'en saurait être ainsi du divorce tel que le Code l'avait établi. Nous allons, du reste, examiner le divorce au point de vue des époux, des enfants et de la société.

§ 1. *Divorce considéré relativement aux époux.*

On accuse le divorce d'être funeste aux époux, et de détruire le bonheur des ménages. Est-il possible, dit-on, de s'attacher à une personne qui peut, à chaque instant, se séparer de vous ? Les moindres altercations peuvent se changer en querelles graves, alors qu'on est assuré de pouvoir briser à son gré les liens d'une vie commune qui devient intolérable. L'indissolubilité, au contraire, est pour les époux une raison de s'attacher l'un à l'autre : ils craignent de rendre accablant par leurs discordes un joug qu'ils ne peuvent secouer, et l'allégent par leur patience.

Le divorce ne nous paraît pas devoir être vu sous un si noir aspect. Parce qu'il sera possible, est-ce à dire pour cela qu'en se mariant les époux auront l'espoir que si leur union n'est pas heureuse, ils pourront la faire cesser ? Et s'il s'élève quelques nuages dans le cours de leur mariage, en doit-on conclure pour cela que loin de chercher à les dissiper, à faire cesser par une réconciliation quelque dissentiment passager, ils devront nécessairement recourir au divorce ? Loin d'être une source de discordes, le divorce est un secours que donne la loi aux époux malheureux pour qui elle reconnaît que la vie commune n'est plus possible. Montesquieu, bien loin de penser que le divorce était une cause de troubles pour les ménages, a dit que « rien ne contribuait plus à l'attachement mutuel que la faculté du divorce. Un mari et une femme étaient portés à soutenir patiemment les peines domestiques, sachant qu'ils étaient maîtres de les faire finir, et ils gardaient souvent ce pouvoir en main toute leur vie par cette seule considération qu'ils étaient libres de le faire. » Au lieu de détruire le mariage, le divorce lui donne plus d'énergie, il en relève la dignité.

On accuse le divorce d'être injuste et d'être contraire aux intérêts de la femme. Pour que le mariage pût être dissous sans violer l'égalité, il faudrait, dit-on, que chacun des époux se trouvât dans la même position où il était au moment du mariage. Or, cela est impossible. Le mari, en effet, ne perd presque rien au divorce; il lui est facile de contracter un second mariage. Mais il en est autrement de l'épouse; la femme divorcée a perdu sa dignité et tout ce qui faisait son prestige; quelle famille voudra désormais lui tendre les bras?

Nous concevrions cette objection s'il s'agissait non de divorce mais de répudiation; dans ce cas, en effet, c'est le mari qui rompt le mariage. Mais le droit de divorcer appartient également à l'un et à l'autre époux. Or, la femme est-elle demanderesse en divorce, c'est elle qui choisit son état; si elle agit ainsi, c'est que vraisemblablement elle préfère au mariage la position où elle sera après le divorce. En quoi donc y a-t-il lieu de la plaindre? Si, au contraire, elle est défenderesse, si le mari demande le divorce contre elle parce qu'elle s'est rendue coupable d'adultère, par exemple, et si le divorce est prononcé contre elle, c'est qu'elle est coupable. Dès lors pourquoi la plaindre encore? Il ne faut donc point objecter l'intérêt de la femme. Le divorce ne lui est pas plus défavorable qu'au mari, et loin d'être oppressif pour elle, comme on le prétend, il protége sa faiblesse contre la force brutale dont on voudrait abuser à son égard.

Une objection plus sérieuse au premier abord est tirée de la possibilité d'un rapprochement. Les époux divorcés ne peuvent plus se réunir. La loi leur interdit tout rapprochement, tandis qu'elle admet, au contraire, la réconciliation et la réunion des époux séparés de corps seulement.

Mais pour que cette objection eût toute la force qu'on veut

bien lui donner, il faudrait montrer précisément qu'il se trouvera de nombreux cas où les époux, cédant à un mouvement généreux de pardon et de réconciliation, consentiront à reprendre une vie commune que la loi ne considère plus désormais comme la suite d'un mariage dissous pour toujours, et qui n'est plus qu'une sorte de concubinage. Mais combien peu nombreux sont les exemples de rapprochement, même en matière de séparation de corps? Comment peut-on admettre que des époux qui arrivent devant le tribunal la haine dans le cœur et que les débats de l'audience, puis, après le jugement, la discussion des intérêts pécuniaires ne font qu'irriter l'un contre l'autre, puissent ensuite songer à la possibilité d'une réunion? Pour nous, tout en espérant que nous sommes dans l'erreur, nous ne croyons pas que l'on trouve souvent des époux qui, après n'avoir pas reculé devant le scandale d'une séparation judiciaire, consentent à reprendre la vie commune. Nous ne pensons donc pas, comme M. Maleville, que la possibilité d'une réunion doive faire exclure le divorce. « La séparation de corps, dit-il, laisse toujours une porte ouverte à la réconciliation. Une rencontre fortuite, l'isolement où se trouvent des époux habitués à vivre ensemble, l'aspect surtout des enfants communs, peuvent faire répandre les pleurs du repentir, et ceux de la pitié; mais le divorce ferme toute issue à cette réconciliation si désirable, et ne laisse après lui que des remords et des regrets. Il faut, d'ailleurs, observer que les époux, en se réunissant, évitent les inconvénients d'un célibat perpétuel. »

Les partisans de la séparation de corps reconnaissent, au moins, que le divorce a sur elle cet avantage que les époux peuvent contracter un second mariage, tandis qu'après la séparation c'est dans le célibat qu'ils doivent vivre désormais. Pour nous, c'est, en effet, un des principaux motifs qu'on puisse faire valoir en faveur du rétablissement du divorce. L'époux dont la faute a amené la séparation de corps ne mérite aucune pitié ; s'il est obligé de vivre dans le célibat, il n'a de reproche à faire qu'à lui-même à cet égard. Mais est-il juste de condamner l'époux innocent à subir la même peine que son conjoint ? Ce n'est pas d'ordinaire après de nombreuses années de mariage que les époux songent à se séparer. Aussi arrive-t-il le plus souvent que la séparation frappe des époux jeunes encore dont la vie, sans doute encore assez longue, va se passer dans la solitude. Or, qui ne voit les dangers d'une pareille existence? Chacun des époux isolé, cherchant à dissiper les regrets, les remords peut-être qui l'accablent, et à combler le vide qui s'est fait autour de lui, sans pouvoir espérer remplacer, par une union légitime, celle qui pour lui n'existe plus que de nom, se trouve malgré lui entraîné à chercher des distractions à son chagrin ; or, ces distractions ne vont pas tarder à dégénérer en dissipation et en désordre. Nous ne voulons pas dire qu'il en sera toujours ainsi. Mais que d'exemples n'en a-t-on pas tous les jours sous les yeux ! Combien d'époux, privés désormais de leurs compagnes, vont chercher ailleurs ce qu'ils ne trouvent plus chez eux ! Autrefois, il restait des couvents toujours prêts à recevoir les femmes, soit que malheureuses elles vinssent y chercher un asile volontaire, soit que criminelles, elles fussent condamnées par la justice à y ensevelir leur honte. Aujourd'hui ces infortunées restent dans la société, environnées de toutes les séductions, s'habituant et habituant les autres au spectacle d'unions illégitimes !

§ 2. *Divorce considéré relativement aux enfants.*

L'intérêt des enfants est un des principaux arguments qu'on fait valoir contre le divorce. « Les enfants, dit J.-J. Rousseau, fourniront toujours une raison invincible contre le divorce. » — « Lorsque les parents se séparent, dit Hume (Essais moraux et politiques, 18ᵉ essai), que deviendront les enfants ? Faudra-t-il les abandonner aux soins d'une belle-mère, et au lieu des tendresses maternelles leur faire essuyer toute la haine d'une étrangère, toute la haine d'une ennemie? Ces inconvénients se font assez sentir, lorsque la nature elle-même fait le divorce par le coup inévitable à tout ce qui est mortel. Faudra-t-il chercher à les multiplier, en multipliant les divorces? Et faudra-t-il laisser au caprice des parents le pouvoir de rendre leur postérité malheureuse? »

La position dans laquelle on veut que les enfants tombent après le divorce, est envisagée sous de trop noires couleurs pour que nous n'essayions pas de démontrer tout ce qu'il y a là d'exagéré et d'inexact. Le divorce, dit-on, rend moins vive l'affection des parents; la vue des enfants ne fait que rappeler le souvenir d'un époux détesté ou coupable. Si les époux se remarient, les enfants qui naîtront de cette nouvelle union, finiront par attirer à eux seuls le peu d'affection qui pouvait encore exister pour les enfants du premier mariage. L'époux, d'ailleurs, à qui la garde des enfants aura été confiée, ne manquera pas d'accuser son conjoint près de ses enfants, d'être la cause de la rupture, et il tâchera de faire passer dans leurs cœurs le ressentiment qui l'anime.

La plupart des griefs qu'on élève contre le divorce, relativement aux enfants, pourraient être également élevés contre la séparation de corps. Les enfants étant dans les deux cas confiés à la garde de l'un des époux, les mêmes inconvénients doivent donc se produire. Deux points sont d'ailleurs à considérer : 1° la personne des enfants; 2° leurs intérêts pécuniaires.

I. Ce qui nuit aux enfants, ce n'est pas le divorce, c'est la haine des parents l'un pour l'autre; c'est le spectacle de leur mésintelligence. La cause du mal est vraiment là. Après le divorce, le tribunal a le droit de confier les enfants à celui des époux dont la conduite lui offre le plus de garantie; on conçoit donc qu'il ne le fait qu'après s'être bien assuré que l'époux qu'il charge de ce devoir, en est réellement digne.

Or, pourquoi veut-on que cet époux cherche à rendre son conjoint odieux à ses enfants? Sans doute cela pourra arriver quelquefois; la nature humaine a des faiblesses dont il faut tenir compte. Mais doit-on en conclure qu'il en sera forcément toujours ainsi? Et d'ailleurs, après la séparation de corps, les enfants ne sont-ils pas confiés aussi à un seul des époux? Ne peut-il pas se faire que l'époux qui est chargé de leur garde ne méconnaisse également ses devoirs, jusqu'au point de vouloir aliéner au père le cœur de ses enfants? Cette considération n'empêche pas cependant d'admettre la séparation de corps. Pourquoi dès lors en faire un argument contre le divorce?

On prétend que la faculté de contracter un second mariage, amènera nécessairement l'époux qui se remariera à négliger ses enfants, et que son affection pour eux diminuera pour se reporter sur les enfants de sa seconde union, qui au moins ne lui rappellent pas le triste souvenir d'un époux coupable. D'où on conclut que les enfants éprouveront toujours un préjudice moral du second mariage de leurs parents.

Nous ne pensons pas que cette manière de voir soit juste, et nous croyons plutôt que la faculté qu'ont les parents de contracter un second mariage est un avantage pour les enfants. « Au moins, disait M. Treilhard, les époux auront encore le droit d'inspirer pour leur personne, un respect et des sentiments qu'un nouveau nœud pourra légitimer; ils ne perdront pas l'espoir d'effacer par le tableau d'une union plus heureuse, les impressions fâcheuses de leur union première; et n'étant pas forcés de renoncer au titre honorable d'époux, ils se préserveront avec soin de tout écart qui pourrait les en rendre indignes. — C'est peut-être ce qui peut arriver de plus heureux pour les enfants; l'affection des pères se soutiendra bien plus sûrement dans la sainteté d'un nœud légitime, que dans les désordres d'une union illicite, auxquels il est si difficile d'échapper, quand on n'a plus droit de prétendre aux honneurs du mariage. »

Quant à l'objection tirée des secondes noces, pourquoi en serait-il différemment dans le cas de divorce, que dans le cas où le mariage est dissous par la mort de l'un des époux ? La loi a-t-elle songé à les prohiber comme contraires à l'intérêt des enfants ? S'il se trouve malheureusement des pères et des mères assez coupables pour retirer à leurs enfants l'affection qu'ils leur doivent, pour la reporter tout entière sur ceux qui naissent de leur nouvelle union, est-ce à dire pour cela que ce triste exemple se reproduira souvent ? La loi s'est contentée de prendre des mesures pour empêcher qu'un époux, en convolant en secondes noces, et entraîné par un amour exagéré, ne fasse à son nouvel époux de trop grands avantages au préjudice de ses enfants. Voilà toute la précaution qu'elle a cru devoir prendre. Et si l'objection qu'on nous fait était fondée, n'est-il pas à supposer que la loi eût tâché de porter un remède au mal qu'on nous signale ? Non, ce qui peut arriver de plus funeste pour les enfants, c'est « de voir leur parents tristes, isolés, éprouvant un vide insupportable ou comblant ce vide par des jouissances qui ne sont jamais sans amertume parce qu'elles ne sont jamais sans remords. » Pour eux, le plus grand bonheur qu'on puisse souhaiter, c'est qu'ils voient leurs parents heureux, dignes d'estime et de respect.

II. Quant aux intérêts pécuniaires des enfants, on prétend qu'ils sont lésés par le divorce. Mais comment pourrait-il les priver des avantages qui leur sont assurés par la loi ou par les conventions matrimoniales de leurs parents ? Nous venons de dire que, dans le cas de second mariage, la loi avait pris des mesures pour empêcher que les enfants ne fussent lésés par des donations exagérées que l'époux aurait pu faire à son nouveau conjoint. S'il naît des enfants du second mariage, la fortune du père ou de la mère remariée sera donc partagée entre ces enfants et ceux du premier lit ; par suite, dit-on, ces derniers éprouveront toujours un préjudice. Nous de-

manderons à ceux qui soutiennent cet argument, ce qui
arrivera si la fortune de l'époux est augmentée par suite du
second mariage qu'il aura contracté après le divorce? Les
enfants du premier lit n'en profiteront-ils pas? En supposant même que l'époux remarié n'obtienne que la jouissance de la fortune de son conjoint, les enfants n'en retire-
ront-ils aucun avantage? Ne se ressentiront-ils pas aussi eux
du bien-être que l'accroissement de fortune de leur auteur
aura amené dans l'intérieur de la famille? Lorsque le divorce
avait lieu pour causes déterminées, les droits des enfants
sur les biens de leurs parents ne s'ouvraient que de la manière
dont ils se seraient ouverts s'il n'y avait pas eu de divorce,
c'est-à-dire par la mort; le divorce, tout en ne devant pas
être pour eux une occasion de perte, ne devait pas être non
plus une occasion de dépouiller les auteurs de leurs jours.
Quant au cas de divorce par consentement mutuel, la loi
avait décidé que les enfants auraient droit immédiatement
à la propriété de la moitié des biens de chacun de leurs parents, et à la jouissance de cette moitié à l'âge de dix–huit
ans. Le motif qui avait inspiré cette décision n'était point le
désir de protéger les intérêts des enfants, ils n'étaient pas
plus lésés dans ce cas que dans celui de divorce pour causes
déterminées; mais bien le moyen d'empêcher qu'on n'abusât
de cette cause de divorce, en établissant une mesure qui tou-
chait les époux de si près dans leurs intérêts pécuniaires.

§ 3. *Divorce considéré relativement à la société.*

La société elle-même, enfin, est intéressée à ce que le divorce soit rétabli : nous avons signalé les dangers qui existent à ce que des époux, jeunes encore, soient condamnés au
célibat que la séparation de corps impose. Nous avons dit que
cequ'il y avait de plus nuisible au bon ordre comme à la morale publique, après avoir offert à la société le spectacle de
ménages dans lesquels l'affection et la concorde avaient fait

place à la haine et aux dissensions continuelles, c'était de lui présenter le tableau de ces unions trop fréquentes auxquelles la séparation de corps entraîne malheureusement les époux dont la vertu ne soutient pas assez la faiblesse. « Quant à la société, dit M. Treilhard, il est hors de doute que son intérêt réclame le divorce, parce que les époux pourront, dans la suite, contracter de nouvelles unions : pourquoi frapperait-elle d'une fatale interdiction des êtres que la nature avait formés pour éprouver les plus doux sentiments de la paternité ? Cette interdiction serait également funeste et aux individus et à la société ; aux individus qu'elle condamne à des privations qui peuvent être méritoires quand elles sont volontaires, mais qui sont trop amères quand elles sont forcées ; à la société qui se trouve ainsi appauvrie de nombre de familles dont elle eût pu s'enrichir. »

Enfin nous invoquerons, en faveur du divorce, les législations des autres pays. Le divorce, ne pouvant se concilier avec les principes du catholicisme, est naturellement prohibé dans les pays où cette religion est dominante. C'est ainsi que le Code bavarois ne permet que la séparation de corps. Mais nous nous tournerons vers les pays protestants : tous admettent le divorce, l'Angleterre, la Prusse, la Suisse protestante, l'Amérique. Quant à l'Autriche, elle fait une distinction : aux protestants elle permet le divorce, aux catholiques elle le défend et ne leur donne que le secours de la séparation.

Si tant de pays reconnaissent le divorce, c'est qu'évidemment ils y trouvent des avantages. Or, voit-on s'y produire les excès et les abus que nos adversaires veulent faire résulter nécessairement du divorce ? S'en suit-il que le niveau de la moralité publique y soit plus bas qu'en France ? Nous n'invoquerons pas, comme on l'a fait, la pureté des mœurs des nations protestantes qui admettent le divorce, pour établir entre elles et les nations catholiques un parallèle tout à l'avantage des protestants. Nous avons tout lieu de croire que leurs mœurs ne sont ni meilleures, ni pires ; et c'est précisément parce que nous pensons qu'il en est ainsi que nous croyons que le divorce n'aurait pas plus d'inconvénients en France que dans les pays que nous venons de citer, et où l'on n'a pas songé à le proscrire pour maintenir uniquement la séparation de corps.

POSITIONS

DROIT ROMAIN.

Le *filius familias* ne pouvait divorcer sans le consentement du *pater familias.*

La disposition de la loi Julia qui défendait le divorce à l'affranchie mariée à son patron ne s'appliquait pas à l'affranchi marié à sa patronne.

L'action *rei uxoriæ* était une action arbitraire.

Les *retentiones propter liberos et propter mores* ne se cumulaient pas.

DROIT FRANÇAIS.

DROIT CIVIL.

La défense faite par l'article 295. C. N. aux époux divorcés de se réunir, subsiste même après la loi du 8 mai 1816.

L'étranger légalement divorcé d'après la loi de son pays ne peut pas se remarier en France du vivant de son premier conjoint.

Le mari qui n'a pas usé de la faculté que lui donne l'article 309 ne peut pas après que sa femme a subi la peine prononcée contre elle en vertu de l'article 308, faire cesser la séparation de corps et exiger que sa femme revienne habiter avec lui, si celle-ci n'y consent.

Les créanciers de la femme séparée ne peuvent pas poursuivre sur ses immeubles l'exécution d'engagements qu'elle a contractés sans l'autorisation de son mari ou de justice, même dans la limite de l'administration.

La détermination d'un lieu pour résider à celui qui est sous la surveillance de la haute police, n'est pas attributive de domicile, et la personne qui y est soumise ne peut pas être assignée au lieu de sa résidence, s'il est justifié que son principal établissement est ailleurs.

DROIT CRIMINEL.

L'action pénale résultant de l'article 308. C. N. s'éteint par la prescription triennale.

Le ministère public n'a pas qualité pour former appel à défaut du mari, du jugement qui a prononcé la séparation de corps pour adultère de la femme, et qui a condamné celle-ci en vertu de l'article 308.

L'article 463 du Code pénal, qui permet aux tribunaux correctionnels de réduire la peine en raison de circonstances atténuantes, est inapplicable dans le cas de l'article 308. C. N.

DROIT DES GENS.

L'étranger qui, à bord de son propre navire et dans un port de France, commet des crimes ou délits, est en principe justiciable des tribunaux français.

La vente sur le territoire neutre d'objets constituant la contrebande de guerre, est une violation de la neutralité.

Vu : le **21** février 1872.

Le Président de la thèse,
Daniel DE FOLLEVILLE.

Vu : ce **22** février 1872.

Le Doyen,
BLONDEL.

Permis d'imprimer, ce 22 février 1872.

Le Recteur,
FLEURY.

ERRATUM

Page 16, ligne 20. — Au lieu de : « Le divorce par consentement mutuel ne subit aucune limite jusqu'à Constantin
qui ne le permit plus que pour trois causes, etc. » *Lisez :*
« Le divorce par consentement mutuel ne subit aucune
limite jusqu'à Constantin, qui ne permit plus que la répudiation pour trois causes, etc. »

TABLE DES MATIÈRES.

—

DROIT ROMAIN. — Du divorce.

DROIT FRANÇAIS. — De la séparation de corps.

Nantes. — Imp. Vincent Forest et Émile Grimaud, place du Commerce, 4.